Devocionário a São José

Dados Internacionais de Catalogação na Publicação (CIP)
(Câmara Brasileira do Livro, SP, Brasil)

Devocionário a São José / tradução e compilação, Diác. Fernando José Bondan. – Petrópolis, RJ : Vozes, 2022.

ISBN 978-65-5713-345-3

1. José, Santo – Orações e devoções I. Bondan, Fernando José.

21-85439 CDD-242.75

Índices para catálogo sistemático:

1. José : Santo : Orações e devoções : Cristianismo

242.75

Cibele Maria Dias – Bibliotecária – CRB-8/9427

Devocionário a São José

Tradução e compilação
Diác. Fernando José Bondan

Petrópolis

© 2022, Editora Vozes Ltda.
Rua Frei Luís, 100
25689-900 Petrópolis, RJ
www.vozes.com.br
Brasil

Todos os direitos reservados. Nenhuma parte desta obra poderá ser reproduzida ou transmitida por qualquer forma e/ou quaisquer meios (eletrônico ou mecânico, incluindo fotocópia e gravação) ou arquivada em qualquer sistema ou banco de dados sem permissão escrita da editora.

CONSELHO EDITORIAL

Diretor
Gilberto Gonçalves Garcia

Editores
Aline dos Santos Carneiro
Edrian Josué Pasini
Marilac Loraine Oleniki
Welder Lancieri Marchini

Conselheiros
Francisco Morás
Ludovico Garmus
Teobaldo Heidemann
Volney J. Berkenbrock

Secretário executivo
Leonardo A.R.T. dos Santos

Editoração: Maria da Conceição B. de Sousa
Diagramação: Daniela Alessandra Eid
Revisão gráfica: Rubia Campos
Capa: Ygor Moretti
Ilustração de capa: São José com o menino Jesus. Guido Reni, c. 1635.

ISBN 978-65-5713-345-3

Este livro foi composto e impresso pela Editora Vozes Ltda.

Sumário

Prefácio, 9

Parte I – Orações a São José, 11

Saudação a São José, 11

São José, nosso pai, 11

Oração a São José para alcançar uma graça, 12

Oração a São José para os operários, 13

Para alcançar a paz interior, 14

Para obter o recolhimento interior, 14

Oração pela santificação pessoal, 15

Saudações aos castíssimos esposos, 15

Oração pelos desposórios de Maria e José, 16

Oração pelos casais e famílias na festa dos desposórios, 16

Oração pela Igreja, de Leão XIII, 17

Oração de São João XXIII, 17

Lembrai-vos (I), 19

Lembrai-vos (II), 19

Aumentai nossa fé na Eucaristia, 20

Oração para antes da comunhão, 21

Oração após a comunhão, 22

Consagração do coração a São José (I), 23

Consagração de si mesmo a São José (II), 24

Consagração de si mesmo e da família a São José (III), 25

Oração pedindo a santa pureza (I), 26

Oração pedindo a santa pureza (II), 26

Oração de Santo Afonso M. Ligório, 27

Oração a São José, com o Menino Jesus dormindo no seu colo!, 28

Oração vocacional, 28

Pela santificação dos sacerdotes, 29

Oração dos sacerdotes a São José, 30

Para alcançar a pobreza de espírito, 30

Oração aos três corações, 31

Devoção ao coração de São José, 31

Pela conversão de um pecador, 32

Oração pelos agonizantes, 33

Oração pelas almas do purgatório, 33

Oração por uma alma do purgatório, 33

Oração de São Pio X, 35

Oração para alcançar uma boa morte (I), 35

Oração para alcançar uma boa morte (II), 36

Pela inocência das crianças, 36

São José, protetor dos aflitos, 37

Pedido de consolo em aflição ou enfermidade, 37

Consagrando um(a) filho(a) a São José, 38

Para não faltar alimento em casa, 38

Glória de São José, 39

Ato de adoração eucarística, 40

Ato de contrição josefino (I), 40

Ato de contrição josefino (II), 41

Súplica, 41

Grande louvor para o dia do patrocínio, 42

Parte II – Ofícios, novenas, tríduos, septenários, 45

Ofício em honra de São José, 45

Novena a São José para alcançar as virtudes, 53

Tríduo a São José (I), 65

Tríduo a São José (II), 67

Tríduo a São José (III), 74

Tríduo a São José (IV), 75

Tríduo a São José (V), 76

Septenário em louvor das sete dores e sete alegrias de São José (I), 79

Septenário das sete dores e sete alegrias de São José (II), 83

Septenário para o dia dos desposórios de José e Maria (III), 88

As sete estações de São José, 91

Ladainha de São José (I), 95

Ladainha de São José (II), 98

Preces litânicas de São José (I), 101

Preces litânicas para comemorar o trânsito de São José e se preparar para a morte (II), 104

Preces litânicas de São José em honra dos sagrados corações (III), 105

Os sete júbilos de São José, 107

Do saltério de São José, 110

Rosário de São José pela Igreja (I), 112

Rosário de São José para alcançar a graça de uma boa morte (II), 116

Rosário de São José (III), 126

Rosário bíblico de São José (IV), 132

Hino de consagração para se ter uma boa morte (I), 142

Hino a São José (II), 146

Septenário de visitas a Jesus sacramentado, 147

Coroa do senhor São José (I), 152

Coroa aos santos anjos em honra de São José (II), 154

31 dias com o glorioso patriarca São José, 159

Prefácio

No dia 8 de dezembro de 2020, em comemoração aos 150 anos em que o Papa Pio IX declarou São José *O patrono da Igreja universal*, o Papa Francisco, com a Carta Apostólica *Patris Corde* (Coração de Pai), estabeleceu o *Ano de São José*, convidando cada um a conhecer melhor o pai adotivo do Senhor e a sua importância no plano salvífico de Deus.

A devoção do Papa Francisco a São José já é de todos conhecida. Recentemente ele permitiu que seu nome fosse invocado nas preces eucarísticas da missa (Cânon), logo após a Mãe de Deus, como *seu esposo*. São José, patrono da Igreja Católica, é, com certeza, depois de Maria, o santo de maior glória no céu! Nenhum outro é comparado a ele. Seu contato privilegiado com o Redentor desde o ventre de sua mãe favoreceu-lhe com graças e bênçãos copiosas do céu.

Toda a sua vida, suas obras e ensinamentos se escondem debaixo de seu santo silêncio em Nazaré. Quão belo não deverá ter sido instruir o Divino Redentor nos rudimentos da vida e da fé, e ao mesmo tempo ser por Ele instruído nas alturas da contemplação silenciosa.

São José, que tanto sofreste para sustentar, proteger e ser presente na Sagrada Família de Nazaré, quanto tens a nos ensinar, hoje, diante dos avanços do mal, da divisão e destruição de nossas famílias. As famílias e as almas correm grande perigo em nosso tempo porque vivemos um período no qual o hedonismo e a cultura da morte e do descarte imperam em toda parte. Cada vez mais os idosos são descartados e abandonados; sempre mais a vida não é valorizada, mesmo no seu estado mais puro da criança no ventre de sua mãe.

Quantas guerras, revoluções e ausência de paz espalhadas por toda a Terra; quantas perseguições aos cristãos em toda parte. São José, intercede por nós, pobres pecadores, trazendo paz, sustento, saúde e proteção para nossos lares e para a Santa Igreja.

Que este pequeno devocionário possa contribuir para aumentar a devoção e o seguimento do modelo de santo que foi São José!

PARTE I

Orações a São José

Saudação a São José

Ave, José, cheio de graça,
Jesus e Maria estão convosco,
bendito sois vós entre os homens,
e bendito é o fruto de vossa casta esposa, Jesus.
São José, pai nutrício de Jesus
e esposo da bem-aventurada Virgem Maria,
rogai por nós pecadores,
agora e na hora de nossa morte.
Amém.

São José, nosso pai

Prostrado a vossos pés, eu vos reverencio,
ó bem-aventurado José,
como pai adotivo de meu Senhor e meu Deus,

como chefe da Sagrada Família
que é objeto das complacências e das delícias do
Pai eterno.

Que glória para vós de ser, assim,
o pai e guia do Filho único de Deus!
Mas que felicidade para nós
pensarmos que vós sois também nosso pai
e que nós somos vossos filhos,
pois nós somos os irmãos de Jesus Cristo,
que quis ser chamado de vosso Filho;
e nessa qualidade nós temos direito à ternura
de vosso coração paternal.

Sede-nos, portanto, favorável,
tomai-nos sob a vossa proteção e sede nosso refúgio
e asilo
em todas as tribulações e em todas as necessidades,
durante a vida e na nossa última hora.
Amém.

Oração a São José para alcançar uma graça

Ó ditoso patriarca São José,
que, padecendo dores, merecestes as maiores alegrias
e especialmente privilégios,
por ser esposo de Maria e pai de Jesus;

suplico-vos que me alcanceis o perdão de minhas culpas, graça para não pecar mais e o favor que vos peço, saudando-vos por vossas sete dores e alegrias.

(7 Pai-nossos e 7 Ave-Marias.)

Oração a São José para os operários

Glorioso São José, modelo de todos os que se dedicam ao trabalho,
alcançai-me a graça de trabalhar com espírito de penitência
para expiar meus numerosos pecados; de trabalhar com consciência,
pondo o culto do dever acima das minhas inclinações;
de trabalhar com reconhecimento e alegria,
julgando uma honra empregar e desenvolver, pelo trabalho,
os dons recebidos de Deus;
de trabalhar com ordem, paz, moderação e paciência,
sem nunca recuar perante o cansaço e as dificuldades;
de trabalhar sobretudo com pureza de intenção
e com desapego de mim mesmo,
tendo sempre diante dos olhos a morte
e a conta que deverei dar ao tempo perdido dos talentos inutilizados,
do bem omitido e da vã complacência dos sucessos,
tão funestas à obra de Deus.

Para alcançar a paz interior

Santíssimo patriarca, que em tão feliz união com Jesus e Maria encontrastes ocasião de sofrer as mais duras penas e trabalhos, mas que, com a vossa confiança, humildade e resignação, merecestes os mais doces consolos!

Fazei que vencidas todas as minhas paixões, desprendido meu coração de toda afeição terrena, goze minha alma de verdadeira paz e tranquilidade. Alcançai-me uma santa indiferença, para que o repouso e a calma de meu coração não se alterem com os trabalhos ou favores que Deus me enviar.

Ensinai-me a fazer bom uso das penas e consolos desta vida para merecer os deliciosos bens da outra.

Amém.

Para obter o recolhimento interior

Grande santo, que tivestes a felicidade de conversar muitos anos com Jesus e Maria, e que pelo incessante cuidado que colocastes em tirar proveito de seus exemplos e palavras, fostes o modelo da vida interior; alcançai-me a graça de vigiar com cuidado na guarda de meu coração, escutar com atenção e docilidade a voz do Espírito Santo e imitar a vossa fé em todos os mistérios da vida do Salvador. Estes são os meus pedidos, ó glorioso patrono das almas que aspiram à vida interior, a fim de que, auxiliado pela graça divina, eu me santifique em todas as ocupações de meu estado, leve uma vida recolhida e interior, que é o caminho mais seguro para chegar à mansão da glória.

Amém.

Oração pela santificação pessoal

Ó celestial José!
Pelo coração de Jesus e o de Maria,
por vosso próprio coração,
peço-vos que tomes um particular cuidado pela
minha santificação.
Peço-vos que sejas meu diretor,
meu guia, meu pai e modelo na vida espiritual no
caminho da perfeição;
para que, imitando as vossas virtudes,
eu obtenha a minha felicidade eterna.
Amém.

Saudações aos castíssimos esposos

Deus vos salve, Maria Santíssima, filha de Deus Pai;
e Deus vos salve, Santíssimo José, filho predileto do
próprio Deus.
Ave-Maria...
Deus vos salve, Maria Santíssima, mãe de Deus Filho;
e Deus vos salve, Santíssimo José, pai adotivo do
próprio Filho de Deus.
Ave-Maria...
Deus vos salve, Maria Santíssima, esposa do Espírito
Santo;
e Deus vos salve, Santíssimo José, digníssimo esposo
desta mesma virgem.
Ave-Maria...

Oração pelos desposórios de Maria e José[1]

Inclinem-se os céus e as colinas à vossa dignidade altíssima, ó glorioso São José. Reconheçam vossa superioridade os anjos, os homens e as inteligências mais elevadas do Antigo e Novo Testamentos, porque nenhum recebeu uma honra semelhante à vossa, de ser esposo da Mãe de Deus, e em virtude disso, ser também pai legal e custódio do próprio Salvador.

Oh, benditos sejam, mil vezes, vossos desposórios.

Pelos méritos que neles contraístes, fazei que todos cumpramos os deveres de nosso estado, e assim nos santifiquemos na terra para reinarmos convosco na glória.

Amém.

Oração pelos casais e famílias na festa dos desposórios

Bendito seja, ó glorioso José,
neste dia feliz que recorda os vossos desposórios com Maria.
Dignai-vos hoje desposar minha alma com Deus,
ajudando-a a recobrar sua graça,
se a tiver perdido;
ou a ser confirmada nela,
se tiver a felicidade de possuí-la.

---

1. Antigamente esta data era comemorada dia 26 de novembro.

Abençoai lá do céu todas as pessoas unidas com o laço nupcial,
para que, através da vossa proteção,
sintam alívio nas cruzes de seu estado
e alcancem a graça de cumprir os deveres de tão grande sacramento,
que é uma figura da união de Cristo com a Igreja.

Afastai das famílias cristãs toda semente de discórdias
entre pais e filhos, entre patrões e empregados.
Fazei reviver no lar doméstico a pura tocha da fé,
o espírito de piedade e a solicitude dos pais
em dar a seus filhos uma educação cristã;
seja vossa vida fielmente copiada pelos pais,
transmitida a seus filhos, e dos muros domésticos
passe à luz pública da sociedade, para que assim a família humana
retorne aos genuínos princípios do cristianismo.
Amém.

Oração pela Igreja, de Leão XIII

(O papa pedia para rezar ao final do terço.)

A vós, São José, recorremos em nossa tribulação e, depois de ter implorado o auxílio de vossa santíssima esposa, cheios de confiança solicitamos o vosso patrocínio. Por esse laço sagrado de caridade que vos uniu à Virgem Imaculada, Mãe de Deus, e pelo amor paternal que tivestes ao Menino Jesus, ardentemente suplicamos que lanceis um olhar benigno para a herança que Jesus conquistou com seu sangue e nos socorrais em nossas necessidades com o vosso auxílio e poder.

Protegei, ó guarda providente da divina família, o povo eleito de Jesus Cristo. Afastai para longe de nós, ó Pai amantíssimo, a peste do erro e do vício. Assisti-nos do alto do céu, ó nosso fortíssimo sustentáculo, na luta contra o poder das trevas; e assim como outrora salvastes da morte a vida do Menino Jesus, assim também defendei agora a Santa Igreja de Deus das ciladas de seus inimigos e de toda adversidade. Amparai a cada um de nós com o vosso constante patrocínio, a fim de que, a vosso exemplo, e sustentados com o vosso auxílio, possamos viver virtuosamente, morrer piedosamente e obter no céu a eterna bem-aventurança.

Amém.

Oração de São João XXIII

São José, guardião de Jesus e casto esposo de Maria, tu empregaste toda a tua vida no perfeito cumprimento de teu dever.
Tu mantiveste a Sagrada Família de Nazaré com o trabalho de tuas mãos.

Protege com bondade aos que se voltam para ti.
Tu conheces as suas aspirações e suas esperanças.
Eles se dirigem a ti porque sabem que tu os compreendes e proteges.
Tu também conheceste provas, cansaço e trabalho.

Porém, mesmo dentro das preocupações materiais da
vida,
tua alma estava cheia de profunda paz
e cantou cheia de verdadeira alegria devido ao íntimo
trato
que gozaste com o Filho de Deus
que te foi confiado a ti e a Maria, sua terna mãe.
Amém.

Lembrai-vos (I)

São Bernardino de Sena

Lembrai-vos de nós, ó bem-aventurado São José, e
ajudai-nos por vossas orações e por vossa intercessão junto
daquele que quis ser considerado vosso Filho. Adquiri-nos
a indulgência da Mãe do Redentor, que vive e reina com
o Pai e o Espírito Santo por todos os séculos dos séculos.

Amém.

Lembrai-vos (II)

(Reza-se todas as quartas-feiras, dia da semana dedicado a São José.)

Lembrai-vos, ó castíssimo esposo da Virgem Maria,
São José, meu amável protetor,
que nunca se ouviu dizer que algum daqueles
que invocaram a vossa proteção e imploraram o vosso
socorro,
tivesse ficado sem consolação.

Cheio de confiança, apresento-me diante de vós
e me recomendo, com fervor, o vosso patrocínio.
Ah! Não desprezeis as minhas orações,
ó Pai adotivo do Redentor;
mas ouvi-as favoravelmente e dignai-vos de as acolher.
Amém.

Aumentai nossa fé na Eucaristia

O Deus onipotente, o unigênito do Pai, esse mesmo
Verbo eterno,
humanado por amor aos homens,
se oculta, se esconde, se aniquila e até desaparece agora,
sob os véus da hóstia santa no admirável sacramento
de nossos altares;
e também ali, também agora,
como nos dias que precederam seu nascimento
temporal em Belém,
nós homens o desprezamos, esquecemos,
e ainda correspondemos com ultrajes
aos excessos de seu amor para conosco.

Ó santíssimo patriarca, alcançai-nos a graça de crer
com fé viva em Jesus Cristo, oculto sob os santos véus
da Eucaristia;
de adorá-lo com a mais profunda humildade;
de corresponder com delicadezas de amor
ao amor inesgotável com que nesse sacramento somos
amados,

e de ter, ao pé do altar sagrado, na presença de Jesus
Cristo sacramentado,
nosso céu aqui na terra, como vós o tivestes em
Nazaré e Belém,
esperando o divino parto da Virgem, vossa casta
esposa e nossa advogada.
Amém.

Oração para antes da comunhão

Vós, meu Jesus e meu Deus, como, sendo infinita alteza,
vindes a mim, infinita baixeza?
Vós, meu Jesus e meu Deus, como sendo infinita
majestade,
vindes a mim, infinita insignificância?
Vós, meu Jesus e meu Deus, infinita bondade,
santidade e pureza,
como vindes a mim, incompreensível maldade,
iniquidade e vileza?
Que é isto, Senhor? Se não fosse porque sabeis todas
as coisas,
vos diria com São Pedro:
"Afastai-vos de mim, Senhor, que sou um
homenzinho pecador".
Mas já que vós, sabendo de todas as coisas, me
convidais, dizendo-me:
"Vinde a mim todos os que estão cansados e
sobrecarregados, e eu vos aliviarei",
venho a vós, meu Deus, e vos peço um lugar em
vossa mesa

e sentar-me ao vosso lado,
e comer de vossa iguaria, deleite dos anjos.
Visto que me convidais, Senhor, e me dizeis:
"Vinde a mim", suportai-me, recebei-me e tomai-me
tal como sou,
e fazei-me receber dignamente este augusto sacramento,
e a graça, bênção e fruto dele na eternidade.
Amém.

Oração após a comunhão

Que felicidade! Que riqueza! Tenho em meu peito o Deus de meu coração e o coração de meu Deus sacramentado.

Alma minha, que sentes? Que pensas? Que dizes? Que fazes? Vê, em teu peito está o Filho de Deus... Multidão inumerável de anjos lhe formam cortejo e o adoram em teu peito... Maria e José te contemplam e se deleitam em tua felicidade, e observam como tratas seu amadíssimo Filho Jesus...

Ah! Descansa com Ele!... Expulsa o tropel de pensamentos e lembranças importunas, e a sós com os anjos, com Maria e José adora, ama, louva, honra e glorifica o bom Jesus... Ó Maria, Ó José! Emprestai-me vossos amores, vossos encantos, vossas graças, delicadezas e carinhos para brindar devidamente ao vosso Jesus. "Trata a nosso Jesus com carinho, com respeito profundo e com o maior amor que pode", dizem-te Maria e José, porque Ele é Filho de ótimos pais, criado com toda brandura, ternura, atenção e amor.

Adora... ama... oferece... pede... suplica... solicita... acompanhado de Maria e São José. Não esqueças: uma comunhão bem-feita basta para fazer-nos santos... Usufrua destes momentos em que mais eficazmente opera a graça de Jesus Cristo.

Consagração do coração a São José (I)

(Para as festas dos dias 19 de março e 1º de maio.)

Meu querido pai, que assim vos quero chamar de agora em diante pela ternura com que atendeis às minhas súplicas e me socorreis em minhas necessidades: ao concluir este dia, que é dedicado em vossa honra, venho oferecer-me a vós quanto sou. Desejo dar-vos meu coração, consagrando-o inteiramente a vós. Aceitai-o, meu amadíssimo pai, porque o entrego a vós com toda a minha vontade e com supremo gozo de minha alma. Criai nele as virtudes do vosso; tornai-o puro, paciente, caritativo, sofrido, completamente resignado à vontade divina, e principalmente abrasadíssimo no amor de Jesus e de Maria. Durante a vida, protegei-o contra as ciladas do demônio, e à hora da morte amparai-o naquelas terríveis tribulações, que tornam tão assombrosa a última agonia. Meu miserável coração se verá perdido se não vierdes então em seu auxílio; para aquele caso vos invoco desde agora com estas palavras, que desejo e confio hão de ser as últimas que meus lábios repitam cheios de esperança e amor: *Jesus, Maria, José, na vida e na morte amparai a minha alma.*

Consagração de si mesmo a São José (II)

Ó glorioso São José! Digníssimo esposo da Mãe de Deus, pai adotivo do Verbo encarnado, protetor fiel das almas que recorrem a vós! Ó incomparável São José! Digno, entre todos os santos, de ser venerado, amado, invocado pela excelência de vossas virtudes, pela eminência de vossa glória e pelo poder de vossa intercessão. Eu, indigno de ser vosso servo, porém atraído por vossa bondade, venho para consagrar-me inteiramente e para sempre a vós. Na presença, pois, da Santíssima Trindade, de Jesus, vosso Filho, de Maria, vossa esposa e minha terna mãe, e em presença de toda a corte celestial, consagro-me a vós, oh, meu bondoso São José! E eu me entrego como a meu pai; escolho-vos por meu guia, para que, a vosso exemplo, façais-me ter vida interior, que é a própria vida de um verdadeiro cristão. Consagro-me a vós e vos tomo por modelo no cumprimento de todos os meus deveres; quero cumpri-los como vós, com humildade e doçura. Eu vos tomo, amável São José, por meu conselheiro, meu confidente e meu protetor em todos os meus trabalhos e penas, que as suportarei como vós, com paciência e resignação. Em tudo serei feliz sob o vosso amparo, e para merecê-lo vos consagro a minha alma, o meu coração, o meu corpo e os meus sentidos, minhas ações e todos os meus gozos e alegrias; em vossas mãos coloco os meus sofrimentos e trabalhos, todos os momentos de minha vida, e sobretudo aquele do qual depende a minha eternidade. Recebei-me por vosso servo, ó santo patriarca! Aceitai-me por vosso escravo e exercei em mim toda a vossa autoridade: seja a força que sustenta a minha fraqueza, o consolo que acalma todas as minhas aflições; sede minha esperança e meu refúgio em todas as minhas necessidades, e meu apoio em todos os desgostos de minha vida. Assisti-me, principalmente na hora de minha morte, e tornai-me digno de entrar na pátria dos justos.

Amém.

Consagração de si mesmo e da família a São José (III)

Ó glorioso patriarca São José, que por Deus fostes constituído cabeça e guarda da mais santa entre as famílias! Dignai-vos ser, do céu, cabeça e custódio desta que tendes prostrada diante de vós e que pede ser recebida sob o manto de vossa proteção. A partir deste momento vos escolhemos como pai e protetor, conselheiro, guia e dono nosso, e pomos sob a vossa especial custódia nossas almas, nossos corpos, nossos bens, tudo o que temos e tudo o que somos; nossa vida e nossa morte. Olhai-nos como vossos filhos e a tudo o que é nosso como coisas vossas. Defendei-nos de todos os perigos, artifícios e enganos de nossos inimigos visíveis e invisíveis. Assisti-nos em todo tempo e necessidade; consolai-nos em todas as amarguras da vida e especialmente nas agonias da morte. Dizei uma palavra em nosso favor àquele amável Redentor, que, sendo criança, levastes em vossos braços, e àquela Virgem gloriosa de quem fostes amantíssimo esposo. Coragem! Alcançai-nos deles as bênçãos que conheceis ser necessárias para nosso bem e para nossa eterna salvação. Colocai, por fim, esta família no número das que são mais amadas, e ela procurará, com uma vida verdadeiramente cristã, não se tornar indigna de vosso especial patrocínio.

Amém.

Oração pedindo a santa pureza (I)

Glorioso São José, pai e protetor das virgens,
guarda fiel a quem Deus confiou Jesus Cristo,
a própria inocência, e Maria, a Virgem das virgens,
eu vos peço e rogo por Jesus e Maria,
esse dúplice depósito que vos foi tão querido,
que façais que eu, livre de toda mancha,
com a alma não contaminada,
o coração puro e o corpo casto,
sirva inocente a Jesus e a Maria.
Amém.

Oração pedindo a santa pureza (II)

Puríssimo São José! Vós fostes destinado pelo Onipotente para ser o esposo da sublime Mãe de Deus, Maria Santíssima, cuja virgindade foi entregue em custódia à singular pureza de vosso castíssimo coração; eu vos suplico com a mais profunda humildade, que me alcanceis a graça de que sejam puros meu espírito, meu coração e meu corpo.

Afastai de mim todos os pensamentos e inclinações impuras; dai-me forças para me afastar de todas as pessoas e lugares que me forem perigosos, evitar leituras nocivas, guardar meus sentidos e vigiar incessantemente, para que nenhuma impureza manche o meu coração e corrompa a minha alma.

Alcançai-me esta graça, pai e protetor meu; por caridade, alcançai-a para mim, e fazei que minha mente seja pura em seus pensamentos, pura minha fantasia em suas imagens, pura minha memória em suas lembranças, pura minha vontade em seus atos, puro meu coração em seus afetos, puras minhas mãos em suas obras, puros meus pés em seus passos; que eu seja puro de corpo e de espírito, puro de dia e de noite, puro na solidão e na companhia, para que, imitando Maria e a vós, santíssimo José, nesta flor de virtudes, mereça gozar de vossa amizade e patrocínio.

Amém.

Oração de Santo Afonso M. Ligório

Meu poderoso protetor, São José! Confesso que por causa de meus pecados me tornei indigno da graça que vos peço; mas, se vós me defendeis, eu não posso me perder: vós fostes não só um íntimo amigo do meu Juiz, mas também seu guardião e pai nutrício; recomendai-me a Jesus, que vos ama com tanta ternura. Eu me coloco sob o vosso patrocínio; aceitai-me como vosso perpétuo servidor. Pela santa companhia de Jesus e de Maria, de quem vós tendes desfrutado durante a vossa vida, alcançai-me a graça de não me separar mais do seu amor; e pela assistência que tivestes de Jesus e Maria na hora da vossa morte, dai-me ser particularmente assistido por Jesus e Maria na hora de minha morte. E vós, ó Santa Virgem, pelo amor que vós tendes a vosso esposo José, não deixeis de me socorrer nos meus últimos instantes.

Amém.

Oração a São José, com o Menino Jesus dormindo no seu colo!

Ó bondoso pai meu e senhor São José! Eu não me canso de vos contemplar com meu querido Jesus Menino adormecido em vossos braços... Que visão tão saborosa! Vossa sagrada imagem com a do meu adorado Menino Jesus me faz admirá-la; atrai-me, encanta e extasia. Ah, enquanto meu Jesus repousa tranquilo em vosso seio paternal, adorai-o vós em meu nome... Estreitai-o, meu pai, contra o vosso ardoroso coração com um abraço terníssimo...Em meu nome beijai suavemente sua fronte formosa e afável... acariciai-o... oferecei-lhe vós... e ao acordar, dizei-lhe que sofro, padeço e morro por seu amor...

Pedi-lhe para mim, por fim, sua bênção, que eu me conserve sempre puro de alma e corpo, até dar-lhe um abraço eterno e desfrutá-lo em vossa companhia no céu.

Amém.

Oração vocacional

Glorioso São José, que tão dócil fostes à voz do Espírito Santo, alcançai-me benignamente a graça de conhecer a que estado Deus, em sua infinita sabedoria e excessiva bondade, me destinou. Não permitais, São José, que me engane nessa importante escolha, da qual depende toda a minha felicidade neste mundo, e talvez a minha eterna salvação. Fazei, pois, glorioso protetor das almas, que, esclarecido a respeito da vontade divina e fiel em segui-la, encontre no caminho que o Senhor tem me destinado com infinito amor, a bem-aventurança eterna.

Amém.

(Pai-nosso. Ave-Maria. Glória-ao-Pai.)

Pela santificação dos sacerdotes

Ó amável São José, patrono e protetor da Igreja! Humildemente prostrado ante vossa reverência vos peço que nos deis sacerdotes santos e instruídos segundo o Coração de Jesus; sacerdotes incansáveis na pregação do Evangelho, na administração dos sacramentos e no exercício de suas sagradas funções; sacerdotes fervorosos que desenvolvam seu divino ministério com a santidade, decoro e reverência que pede a majestade de Deus a quem servem; sacerdotes enfim que, dados à oração e à prática da virtude, se façam e nos façam, todos os dias, mais e mais santos. Ó bondoso patriarca, alcançai-nos a graça de sermos guiados por sacerdotes que, com a palavra e o exemplo, nos conduzam à glória, onde eternamente vos bendiremos.

Amém.

Oração dos sacerdotes a São José

Ó bendito São José! Muitos reis desejaram ver o Rei Salvador e não viram; ouvi-lo, e não ouviram; e a ti foi dado não só vê-lo e ouvi-lo, mas carregá-lo, beijá-lo, vesti--lo e cuidar dele.

℣. Rogai por nós, São José,

℟. Para que sejamos dignos das promessas de Cristo.

Oração: Ó Deus, que nos revestistes de um sacerdócio real, fazei que, assim como o bem-aventurado José mereceu tocar respeitosamente e carregar entre seus braços vosso Filho único, nascido da Virgem Maria, também nós possamos servir a vossos santos altares com a pureza de coração e a santidade das obras; a fim de que hoje nós recebamos dignamente o Corpo e o Sangue de vosso divino Filho, e mereçamos obter, no século futuro, a recompensa eterna. Por Cristo, nosso Senhor.

Amém.

Para alcançar a pobreza de espírito

Grande patriarca, senhor São José, cuja pobreza preparou o caminho à pobreza evangélica e serviu de meio para ocultar as infinitas riquezas do Verbo encarnado, alcançai-me um desapego perfeito, sendo cristão desprendido de todos os bens efêmeros; alcançai-me a estima e o amor daquela pobreza que nos faz imitadores e discípulos do Homem-Deus, para que, alheios a toda cobiça terrena, aspiremos aos bens celestiais que nos mereceu, por sua pobreza, aquele que, sendo dono de tudo, não quis ter na terra onde repousar sua cabeça.

Amém.

Oração aos três corações

Ó Sagrado Coração de Jesus; Ó Imaculado Coração de Maria; Ó Puríssimo Coração de São José, ajudai-nos sempre a fazer e a sofrer a cada momento o que Deus quer, da maneira que Ele o quer, e unicamente porque Ele o quer.

Amém.

Devoção ao coração de São José

Ó dulcíssimo Jesus, Filho adotivo de José, que, com amorosa benevolência engrandeceste o castíssimo coração deste puríssimo patriarca! Quantas vezes, divino redentor, reciprocamente unidos em amorosos afetos, teu coração e o de José se estreitaram afetuosos? Quantas vezes com afetos, em lugar de palavras, se falaram vossos dois amantes corações, sendo pela delicadeza – dulcíssimo Jesus – o puríssimo coração de José, espelho imaculado em que com amoroso entreter se contemplou tua divina bondade.

Eu vos dou eterno Deus e meu Senhor, graças com todo proveito, porque benigno criaste um coração tão puro e um refúgio tão poderoso para os pecadores, em José; porque no ameno paraíso de seu coração, encontramos frutos de virtude para útil alimento de nossas almas, rios caudalosos de favor para purificar as nossas almas e sombra benigna para nos libertar das ardentes tentações do demônio. Ó coração celestial, modelo de virtude, norma sagrada de pureza. Pois o teu agradecimento (José) será muito bem-recebido do Senhor; dá-lhe graças porque a ti concedeu coração tão puro, e nele a todos nos dá um penhor muito seguro de piedade.

Posto isto, meu Jesus, peço-te com muito proveito que me concedas um coração casto para amar-te e servir-te nesta vida e após a minha morte deleitar-me em companhia do meu tão amado José na glória.

Amém.

(Jesus, Jesus, Jesus, Maria e José.)

Pela conversão de um pecador

Ó justo e glorioso São José, eu vos recomendo incessantemente a salvação de (N.), que Jesus resgatou à custa de seu precioso sangue. Vós sabeis, grande santo, quanto são infelizes aqueles que, tendo banido de seu coração o divino Salvador, ficam expostos a perdê-lo por toda a eternidade. Não permitais, pois, que esta alma, que me é tão querida, fique por muito tempo separada de Jesus. Fazei-lhe conhecer os perigos que a ameaçam. Falai fortemente ao seu coração. Reconduzi este filho pródigo ao seio do melhor dos pais e não o deixeis sem lhe terdes aberto as portas do céu, onde vos bendirá eternamente pela felicidade que lhe tiverdes procurado.

Amém.

Oração pelos agonizantes

Eterno Pai, pelo amor com que honrais a São José, escolhido por vós entre os homens para vos representar na terra, tende piedade de nós e dos pobres agonizantes.

(Pai-nosso. Ave-Maria. Glória-ao-Pai.)

Filho eterno de Deus Pai, pelo amor com que honrais a São José, vosso guarda fidelíssimo na terra, tende piedade de nós e dos pobres agonizantes.

(Pai-nosso. Ave-Maria. Glória-ao-Pai.)

Eterno e Divino Espírito, pelo amor com que honrais a São José, o protetor vigilante da Santíssima Virgem, vossa esposa muito amada, tende piedade de nós e dos pobres agonizantes.

(Pai-nosso. Ave-Maria. Glória-ao-Pai.)

Oração pelas almas do purgatório

Incomparável São José, que não podeis recusar coisa alguma a quem vos pede, atendei, peço-vos, minha oração em favor das almas do purgatório, e como outrora salvastes Jesus e Maria da crueldade de Herodes, salvai assim dos tormentos do purgatório as almas resgatadas por Jesus e amadas por Maria. Ouvi os rogos dessas pobres almas que vos imploram o favor de ver a Jesus, o objeto das vossas mais doces complacências; ouvi seus gemidos e não adieis mais a misericórdia que pedem, a fim de que, gloriosas no céu, convosco possam louvar, servir e amar a Deus na eternidade.

Amém.

Oração: Ó bem-aventurado José, lembrai-vos de nós e dai-nos o socorro de vossa proteção junto daquele que vos chamava seu pai. Consegui-nos também os favores da Santíssima Virgem, vossa esposa, mãe daquele que vive e reina com o Pai e o Espírito Santo por todos os séculos dos séculos.

Amém.

Oração por uma alma do purgatório

Amoroso São José, que de forma tão terna amastes a Jesus, e tão vivamente sentistes a privação de sua presença quando o perdestes no templo, recomendo-vos com todo o fervor a alma de (N.), que, talvez longe beatífica presença de Deus, agora está padecendo no purgatório.

Ó santo patriarca! Sede seu consolo naquele estado de penas e expiação; dignai-vos aplicar-lhe os piedosos sufrágios dos fiéis, particularmente os meus. Constitui-vos seu intercessor para com Jesus e Maria, e rompei com vossa poderosa oração suas cadeias, para que ele possa lançar-se no seio de Deus e gozar quanto antes da felicidade eterna.

Amém.

Oração de São Pio X

Glorioso São José, modelo de todos aqueles que se dedicam ao trabalho, alcançai-me a graça de trabalhar com espírito de penitência para a expiação de meus numerosos pecados; de trabalhar com consciência, pondo o cumprimento do dever acima de minhas inclinações; de trabalhar com coração agradecido e alegre, considerando como uma honra para mim poder empregar e desenvolver, pelo trabalho, os dons recebidos de Deus; de trabalhar com ordem, paz, moderação e paciência, sem jamais deixar-me vencer pela indiferença e as dificuldades; de trabalhar sobretudo, com intenção pura e desapegada, tendo sempre diante dos olhos a morte e a satisfação que um dia deverei dar do tempo perdido, dos talentos desperdiçados, do bem não praticado e das vãs complacências no bom êxito, tão funestas nas obras de Deus. Tudo para Jesus, tudo por Maria, tudo segundo o vosso exemplo, ó patriarca José!

Esta será a minha insígnia na vida e na morte!

Amém.

Oração para alcançar uma boa morte (I)

Ó São José, ó meu pai, que tivestes o inefável consolo de morrer entre os braços de Jesus e Maria, socorrei-me na hora em que minha alma estiver para abandonar meu corpo, para entrar na eternidade. Alcançai-me a graça de morrer como vós entre os braços de Jesus e de Maria.

Amém.

Oração para alcançar uma boa morte (II)

Grande São José, modelo, patrono e consolador dos moribundos! Eu vos suplico que assistais no último instante de minha vida, naquele momento terrível, no qual eu não sei se terei ocasião sequer de chamar-vos em meu auxílio. Fazei, vos suplico, que eu morra com a morte dos justos. E para merecer essa graça, dai-me a de viver sempre, como vós, na presença de Jesus e Maria sem ofender seus olhares com as manchas odiosas da culpa. Fazei com que eu morra, a partir deste momento, a tudo o que não é Deus e que viva unicamente para aquele que morreu por mim. Abrasai meu coração nas chamas do amor divino, para que, ao entregar o meu espírito, mereça, como vós, a dita de entregá-lo nas mãos de Jesus e Maria.

Amém.

Pela inocência das crianças

Bem-aventurado São José, a quem a beatíssima Trindade fez custódio de Jesus, que era a própria inocência, e de Maria, Virgem Imaculada!, protegei a inocência dessas crianças que estão confiadas a mim. Afastai delas o contágio do vício e dos maus exemplos; inspirai-lhes ódio ao pecado e amor à virtude; fazei-as compreender desde seus tenros anos que a felicidade do cristão consiste em cumprir fielmente a lei santa do Senhor; fazei-as amar e respeitar a santa Igreja, nossa Mãe, o seu chefe, o soberano pontífice, e a todos os ministros, para que, caminhando sempre pela senda da justiça, conservem puras as suas almas e sejam dignos das complacências do Cordeiro Imaculado, que se apascenta entre lírios, e da Rainha das virgens, Maria Santíssima.

Amém.

São José, protetor dos aflitos

Glorioso patriarca São José, nós vos suplicamos humildemente e de todo o nosso coração por aquela heroica firmeza que mostrastes nas grandes e inumeráveis tribulações com as quais satisfez a Deus provar a vossa singular virtude, que nos alcanceis uma força semelhante e uma igual constância para sofrer por amor a Deus todos os males que nos afligem neste vale de lágrimas.

Ó poderoso protetor dos pobres! Fazei-nos recordar em todas as nossas aflições que estas vêm da mão de Deus e que são a expressão de sua vontade adorável; e quando chegarmos ao término desta vida, concedei-nos vossa poderosa proteção, a fim de que, tendo suportado com ousadia cristã essa última e terrível prova, possamos, com vossa assistência e a de Jesus e Maria, chegar àquela venturosa pátria, onde nossas lágrimas se mudarão em deleite e nossa tristeza em alegria eterna.

Amém.

Pedido de consolo em aflição ou enfermidade

Amável São José, meu fiel protetor! Eu vos suplico pela grande dor que sentistes quando, circuncidado Jesus, olhavas correr seu sangue precioso, que vos digneis livrar-me desta enfermidade e das penas, dores e sofrimentos que ela me causa; ou, ao menos, me alcanceis a graça de sofrê-los pacientemente.

Amém.

Consagrando um(a) filho(a) a São José

Bondosíssimo São José, destinado por Deus para pai adotivo de nosso divino redentor, a vós oferecemos e consagramos este(a) nosso(a) filho(a). Dignai-vos ser seu protetor e seu pai; conservai o precioso tesouro de sua inocência; preservai-o(a) de todo perigo na alma e no corpo; inspirai-lhe, já em seus mais tenros anos, um ardente amor a vós, a Maria, vossa imaculada esposa, e a Jesus, seu adorável Filho e Salvador nosso.

Acompanhe-o(a) vossa proteção toda a sua vida, vigiai todos os seus passos, guiai-o(a) em todas as suas iniciativas, não o(a) solteis de vossa mão na senda dos divinos mandamentos, assisti-o(a) no momento de sua morte, e, por fim, introduzi-o(a) na pátria bem-aventurada, para que ali cante eternamente as divinas misericórdias e vossa paternal bondade.

Assim seja.

Para não faltar alimento em casa

Amabilíssimo representante de Deus na terra e nosso amorosíssimo intercessor e pai São José! Vós que, constituído por Deus chefe daquela inocentíssima e igualmente pobre família, sofrestes o peso e o trabalho de socorrê-la, defendê-la, sustentá-la e provê-la do necessário para a vida; vós pudestes aprender, mais do que qualquer um, quão grande é a angústia daqueles aos quais faltam os meios necessários de subsistência, e se encontram angustiados, não só pelas próprias, mas também pelas alheias angústias das pessoas queridas.

Ó santo patriarca! Por aqueles esmeros e cuidados contínuos que formavam àquela bendita providência, a cuja sombra descansavam os tesouros de vosso coração, Jesus e Maria, cuidai também de nós, e fazei com que se afastem de nossas casas o infortúnio e toda desgraça; e como sois tão piedoso, rogamo-vos que nos proporcioneis o alimento de cada dia, que é necessário para adquirir a força e a alegria com que sirvamos fielmente ao Senhor. Sim, amado santo, por amor a Jesus e Maria, tende piedade de nós e consolai-nos.

Amém.

Glória de São José

Que celestial regozijo teve teu coração,
ó bem-aventurado José,
quando ouviste os cânticos que entoavam os santos anjos,
celebrando o nascimento de teu bendito Filho!
Eu também quero unir-me aos coros angélicos
para repetir com amor: Glória ao Pai,

que nos deu o seu único Filho,
glória ao Filho, que veio para nos salvar,
glória ao Espírito Santo, que nos cumula de graças;
glória a Maria, mãe de nosso Redentor;
glória também a ti, ó José,
que o salvastes do furor de Herodes
e o alimentaste com o fruto de teus suores.

Ato de adoração eucarística

Verbo encarnado, divino Jesus, verdadeiro Deus e verdadeiro homem, creio que estais presente no altar. Eu vos adoro com a mais profunda humildade; eu vos amo com todo o meu coração; e como vós vindes por amor de mim, eu me consagro inteiramente a vós pelas mãos de vosso glorioso pai São José.

Ato de contrição josefino (I)

Meu Senhor Jesus Cristo, Deus e homem verdadeiro, por ser vós quem sois, bondade infinita, sinto ter-vos ofendido, e proponho com a vossa graça não pecar mais, e espero que isto me conceda pelas dores e gozos de vosso pai adotivo, o senhor São José, para perseverar em vosso santo serviço e louvar-vos no céu.

Amém.

Ato de contrição josefino (II)

Meu Deus e Senhor, em quem creio e espero e a quem amo sobre todas as coisas. Ao pensar no muito que tendes feito por mim e quão ingrato tenho sido a vossos favores, meu coração se confunde e me obriga a exclamar: Piedade, Senhor, para este filho rebelde, perdoai-lhe seus extravios, porque arrepende-se de ter-vos ofendido, e deseja antes morrer do que voltar a pecar. Confesso que sou indigno desta graça, mas vo-lo peço pelos méritos de vosso pai nutrício, São José. E vós, meu glorioso intercessor, recebei-me sob vossa proteção e alcançai-me o favor necessário para empregar bem este tempo em obséquio vosso e utilidade de minha alma.

Amém! Jesus, Maria e José.

Súplica

Tutor prudentíssimo de Jesus, modelo perfeitíssimo de santidade, dulcíssimo São José, escuta benigno as humildes preces e aceita com bondade os louvores que hoje te oferecemos. Concede-nos a graça de ser do número daqueles que amas com predileção e trazes escritos em teu peito virginal. Arranca de nossa alma quanto te desagrade, por mais que nos custe, e plante em nosso coração as tuas virtudes. Faz com que vivamos abrasados no amor de Jesus e Maria, e suplica por nós, agora e sempre, e na hora de nossa morte. Não afaste de nós o teu doce olhar, e seremos completamente felizes no tempo e na eternidade.

Amém.

Grande louvor para o dia do patrocínio

(Pode ser 19 de março ou 1º de maio.)

Gloriosíssimo patriarca senhor São José, asilo benigno dos aflitos, refúgio seguro dos desconsolados; nossos corações, cheios de afeto e de alegria, colocamos diante de vossa piedosa presença, pretendendo com profunda veneração entreter-nos no candor precioso de vosso coração castíssimo. Ó coração virginal! Quem poderia louvá-lo suficientemente para divulgar as vossas glórias? Quem registrará vossa grandeza conhecendo o tamanho do divino amor no qual vos abrasastes? O coração prudentíssimo e limpíssimo, em que o Criador depositou seus altíssimos desígnios, confiando-te os mais adoráveis segredos? Ó coração felicíssimo em que tantas vezes repousou o divino Verbo! E quantas vezes, reciprocamente unidos em amorosos afetos, estreitaram-se seu coração e o vosso, ó José, confundindo suas batidas e fazendo de vosso peito a fogueira de seu divino amor!

Quantas vezes, sem o som de palavras, se falaram vossos dois corações amantes! Coração amorosíssimo, em cuja virginal pureza se entreteve a Trindade beatíssima; em cuja delicadeza acrisolada assegurou seu sustento à humanidade de meu Jesus; em cuja retíssima justiça vinculou sua mais acreditada custódia a virgem mãe de nosso Deus; em cuja caritativa piedade temos assegurado o mais poderoso patrocínio. José amabilíssimo e varão de grande justiça, esperamos da retidão e benignidade de vosso coração piedoso, que introduza vossos rogos diante da majestade divina, para que, purificados os nossos corações de todo afeto terreno, entreguem-se, seguindo vossos voos sagrados, ao amor divino.

Para isso, pois, anela nossa devoção submergir-se na corrente de graças que, brotando do Coração de Jesus corre como canal precioso através do vosso amoroso coração. Varão castíssimo e perfeito; modelo das mais heroicas virtudes, espanto do inferno e regozijo do céu, poderoso é o amor do vosso coração com nosso Deus, para que, por vossa intercessão, aplaque-se a ira de sua justiça que por nossas culpas merecemos e nos conceda os auxílios de sua graça, que por vossa mediação esperamos.

Oh, José, suave e benigno, chamado pai por Jesus e verdadeiro esposo de Maria; humildes e ditosos escravos vos pedimos com submissão que ofereçais, ante à majestade de Deus uno e trino, a vítima pura de vosso coração nas sagradas aras dos corações de Jesus e Maria, para que, à vista de sacrifício tão agradável, tenha misericórdia de nossa miséria, livre-nos de toda culpa e conceda-nos a sua graça, a fim de que, conseguindo ver nosso Redentor Jesus em companhia de Maria e da vossa, o louvemos na glória.

Amém.

PARTE II

Ofícios, novenas, tríduos, septenários

Ofício em honra de São José

(Reza-se todos os dias.)

Ofício das leituras

(A qualquer hora do dia ou de madrugada.)

℣. Abri meus lábios, ó Senhor,

℟. *E minha boca anunciará vosso louvor.*

℣. Vinde, ó Deus, em meu auxílio,

℟. *Socorrei-me sem demora.*

Glória ao Pai...

(*Aleluia* só no Tempo Pascal.)

Hino

Eu te saúdo, pai nutrício, eu te saúdo, guardião de meu Salvador, amável São José. Eu te saúdo, esposo da Mãe de Deus; eu te saúdo, admirável São José.

Antífona

Eu sou José! Aproximai-vos de mim sem temor: para vossa salvação me enviou o Senhor.

℣. Venerável e digno de todo amor é o glorioso São José,

℟. *Em cujos braços repousou o Salvador do mundo.*

℣. Escutai, Senhor, a minha oração,

℟. *E chegue até vós o nosso clamor.*

Oração: Fazei, meu Deus, que meu coração repudie todo pecado, para que, vivendo santamente, mereça a graça de uma morte feliz. Esta graça vos peço pela intercessão de São José e pelos méritos do precioso sangue de Jesus, vosso Filho, que convosco e o Espírito Santo vive e reina pelos séculos dos séculos. Amém.

Laudes

(Em torno das 6h.)

℣. Vinde, ó Deus, em meu auxílio,

℟. *Socorrei-me sem demora.*

Glória ao Pai...

(*Aleluia* só no Tempo Pascal.)

Hino

Quantos deleites encontraste, ó venturoso José, ao lado do berço do Menino Jesus! Quão jubilosos foram para ti os dias e os anos empregados em alimentá-lo e cuidá-lo!

Antífona

Eu sou José! Aproximai-vos de mim sem temor: para vossa salvação me enviou o Senhor.

℣. Venerável e digno de todo amor é o glorioso São José,

℟. *Em cujos braços repousou o Salvador do mundo.*

℣. Escutai, Senhor, a minha oração,

℟. *E chegue até vós o nosso clamor.*

Oração: Fazei, meu Deus, que meu coração repudie todo pecado, para que, vivendo santamente, mereça a graça de uma morte feliz. Esta graça vos peço pela intercessão de São José e pelos méritos do precioso sangue de Jesus, vosso Filho, que convosco e o Espírito Santo vive e reina pelos séculos dos séculos. Amém.

Terça

(Em torno das 9h.)

℣. Vinde, ó Deus, em meu auxílio,

℟. *Socorrei-me sem demora.*

Glória ao Pai...

(*Aleluia* só no Tempo Pascal.)

Hino

Ter a Jesus em tua casa, trabalhar com Ele e possuí-lo inteiramente, que grande felicidade! Conversar e comer com Jesus e Maria, que grande deleite!

Antífona

Eu sou José! Aproximai-vos de mim sem temor: para vossa salvação me enviou o Senhor.

℣. Venerável e digno de todo amor é o glorioso São José,

℟. *Em cujos braços repousou o Salvador do mundo.*

℣. Escutai, Senhor, a minha oração,

℟. *E chegue até vós o nosso clamor.*

Oração: Fazei, meu Deus, que meu coração repudie todo pecado, para que, vivendo santamente, mereça a graça de uma morte feliz. Esta graça vos peço pela intercessão de São José e pelos méritos do precioso sangue de Jesus, vosso Filho, que convosco e o Espírito Santo vive e reina pelos séculos dos séculos. Amém.

Sexta

(Em torno das 12h.)

℣. Vinde, ó Deus, em meu auxílio,

℟. *Socorrei-me sem demora.*

Glória ao Pai...

(*Aleluia* só no Tempo Pascal.)

Hino

Nos arroubos de uma santa alegria, tu, ó José!, já veneravas Jesus como teu Deus, já o acariciavas como teu Filho, já o adoravas como teu Senhor, já o amavas como teu hóspede celestial.

Antífona

Eu sou José! Aproximai-vos de mim sem temor: para vossa salvação me enviou o Senhor.

℣. Venerável e digno de todo amor é o glorioso São José,

℟. *Em cujos braços repousou o Salvador do mundo.*

℣. Escutai, Senhor, a minha oração,

℟. *E chegue até vós o nosso clamor.*

Oração: Fazei, meu Deus, que meu coração repudie todo pecado, para que, vivendo santamente, mereça a graça de uma morte feliz. Esta graça vos peço pela intercessão de São José e pelos méritos do precioso sangue de Jesus, vosso Filho, que convosco e o Espírito Santo vive e reina pelos séculos dos séculos. Amém.

Nona

(Em torno das 15h.)

℣. Vinde, ó Deus, em meu auxílio,

℟. *Socorrei-me sem demora.*

Glória ao Pai...

(*Aleluia* só no Tempo Pascal.)

Hino

Ó José, luz esplendorosa que anuncias a nova aliança! O Filho que guardas em silêncio é um depósito sagrado que Deus te confiou. O ofício e ministério que tu exerces é superior ao dos anjos. Maior honra só a de Maria!

Antífona

Eu sou José! Aproximai-vos de mim sem temor: para vossa salvação me enviou o Senhor.

℣. Venerável e digno de todo amor é o glorioso São José,

℟. *Em cujos braços repousou o Salvador do mundo.*

℣. Escutai, Senhor, a minha oração,

℟. *E chegue até vós o nosso clamor.*

Oração: Fazei, meu Deus, que meu coração repudie todo pecado, para que, vivendo santamente, mereça a graça de uma morte feliz. Esta graça vos peço pela intercessão de São José e pelos méritos do precioso sangue de Jesus, vosso Filho, que convosco e o Espírito Santo vive e reina pelos séculos dos séculos. Amém.

Vésperas

(Em torno das 18h.)

℣. Vinde, ó Deus, em meu auxílio,

℟. *Socorrei-me sem demora.*

Glória ao Pai...

(*Aleluia* só no Tempo Pascal.)

Hino

Ó José, lírio de pureza, digno do carinhoso e terno amor de Jesus e Maria! Nenhum mortal recebeu do céu prerrogativas tão gloriosas como as tuas. Oh, que dignidade!

Antífona

Eu sou José! Aproximai-vos de mim sem temor: para vossa salvação me enviou o Senhor.

℣. Venerável e digno de todo amor é o glorioso São José,

℟. *Em cujos braços repousou o Salvador do mundo.*

℣. Escutai, Senhor, a minha oração,

℟. *E chegue até vós o nosso clamor.*

Oração: Fazei, meu Deus, que meu coração repudie todo pecado, para que, vivendo santamente, mereça a graça de uma morte feliz. Esta graça vos peço pela intercessão de São José e pelos méritos do precioso sangue de Jesus, vosso Filho, que convosco e o Espírito Santo vive e reina pelos séculos dos séculos. Amém.

Completas

(Antes de se deitar.)

℣. Convertei-nos, ó Deus nosso Salvador,

℟. *E afastai de nós vossa ira.*

℣. Vinde, ó Deus, em meu auxílio,

℟. *Socorrei-me sem demora.*

Glória ao Pai...

(*Aleluia* só no Tempo Pascal.)

Hino

Quão feliz e abençoado é o homem que tem a felicidade de viver sob a tua guarda, ó glorioso patriarca! Quão afortunado aquele que merece ser chamado teu servo, o que pode invocar-te como seu patrono, viver e morrer sob a tua guarda e amparo. Abençoa-me, acolhe-me e dispensa-me a tua poderosa proteção.

Antífona

Eu sou José! Aproximai-vos de mim sem temor: para vossa salvação me enviou o Senhor.

℣. Venerável e digno de todo amor é o glorioso São José,

℟. *Em cujos braços repousou o Salvador do mundo.*

℣. Escutai, Senhor, a minha oração,

℟. *E chegue até vós o nosso clamor.*

Oração: Fazei, meu Deus, que meu coração repudie todo pecado, para que, vivendo santamente, mereça a graça de uma morte feliz. Esta graça vos peço pela intercessão de São José e pelos méritos do precioso sangue de Jesus, vosso Filho, que convosco e o Espírito Santo vive e reina pelos séculos dos séculos. Amém.

Novena a São José para alcançar as virtudes

(Pode ser usada em março ou maio de cada ano.)

Pelo sinal † da santa cruz livrai-nos Deus † nosso Senhor de nossos † inimigos.

(Faz-se o sinal da cruz: *Em nome do Pai e do Filho e do Espírito Santo.*)

Orações iniciais para todos os dias da novena

Ato de contrição

Meu Senhor Jesus Cristo, Deus e homem verdadeiro, criador e redentor meu, pesa-me de todo o coração ter-vos ofendido, por ser vós quem sois e porque vos amo acima de todas as coisas. Peço-vos que me perdoeis de todos os pecados por intercessão do tão glorioso patriarca São José, a quem desejo homenagear neste novenário. Peço também pelos merecimentos de vossa e minha Mãe santíssima e pelo preço infinito de vosso divino sangue por mim derramado. Proponho nunca mais vos ofender e vos suplico que me concedais graça copiosa para empregar santamente nos dias desta novena e em todos os dias de minha vida, até morrer em vossa amizade e graça. Amém.

Oração a Jesus

Jesus dulcíssimo, que durante os anos de vossa vida mortal estivestes sujeito ao glorioso patriarca São José, a quem chamais com o doce nome de pai, obedecendo-lhe em tudo, honrando-o e amando-o com afeto filial; rogo-vos que escuteis também agora as suas súplicas e me concedais a graça que vos peço por sua intercessão, se for para a maior glória vossa e bem de minha alma. Amém.

Oração à Virgem Santíssima

Ó Virgem bem-aventurada, Mãe de Deus e Mãe minha! Visto que tanto honrastes em vida o vosso castíssimo esposo, o glorioso patriarca São José, e agora no céu vos interessais pelo aumento do seu culto, propagação de sua devoção e esplendor de sua glória; alcançai-me um amor filial e devoção ardente ao vosso seráfico esposo e meu pai São José; fazei que cresça cada dia sua devoção e culto em todos os fiéis, e impetrai-me graça abundante para fazer devotamente esta novena para a glória do santo e bem de minha alma. Amém.

Oração do 1º dia: Pede-se a graça da humildade

(Logo após as orações iniciais.)

Gloriosíssimo patriarca São José e meu pai amadíssimo! Por aquela humildade tão profunda que tiveste, pela qual, estando cheio de graças celestiais, vos tínheis por indigno de morar com vossa esposa a imaculada Virgem Maria e vos sentíeis confundido e abatido ao tratar familiarmente com a rainha dos anjos e com o divino Verbo humanado; peço-vos que me alcanceis de Deus uma humildade semelhante à vossa, já que me é tão necessária por ser ela o fundamento de todas as outras virtudes; também porque possuo uma soberba e vaidade tão grande e sem medida. Alcançai-me, igualmente, as demais graças que me são necessárias para a minha eterna salvação e que peço nesta novena, se for para a maior glória de Deus, culto vosso e bem de minha alma. Amém.

(Pede-se a graça.)

(3 Pai-nossos, Ave-Marias e Glórias em honra da Sagrada Família.)

Antífona: José despertou do sono, fez conforme o anjo do Senhor lhe ordenara e a recebeu em sua casa.

℣. Deus o constituiu senhor de sua casa,

℟. *E príncipe de todos os seus bens.*

Oração: Nós te rogamos, Senhor, que nos socorram os méritos do esposo de tua santíssima Mãe, para que aquilo que não podemos obter por nossas próprias forças nos seja concedido por sua intercessão. Ó Senhor, que vives e reinas sendo Deus com o Pai em união com o Espírito Santo, pelos séculos dos séculos. Amém.

Oração do 2º dia: Pede-se a graça da pureza e castidade

(Logo após as orações iniciais.)

Ó gloriosíssimo Patriarca São José e meu pai amantíssimo! Ao considerar a vossa sublime pureza virginal que coloca em admiração os próprios anjos, fico atônito e confuso. Por aquela castidade tão admirável que mereceu que a vós fosse confiada a guarda da virgindade de Maria e que subiu de valor com seu castíssimo colóquio e trato contínuo; eu vos suplico que me alcanceis uma pureza e castidade perfeitas, segundo a minha condição e estado. Concedei-me, castíssimo esposo da Mãe de Deus, que eu seja casto em pensamentos, palavras, obras e desejos, no corpo e na alma. Dai-me também as demais graças, que sejam convenientes para a minha eterna salvação, bem como a que vos peço nesta novena, se for para a glória de Deus, honra vossa e bem de minha alma. Amém.

(Pede-se a graça.)

(3 Pai-nossos, Ave-Marias e Glórias em honra da Sagrada Família.)

Antífona: José despertou do sono, fez conforme o anjo do Senhor lhe ordenara e a recebeu em sua casa.

℣. Deus o constituiu senhor de sua casa,

℟. *E príncipe de todos os seus bens.*

Oração: Nós te rogamos, Senhor, que nos socorram os méritos do esposo de tua santíssima Mãe, para que aquilo que não podemos obter por nossas próprias forças nos seja concedido por sua intercessão. Ó Senhor, que vives e reinas sendo Deus com o Pai em união com o Espírito Santo, pelos séculos dos séculos. Amém.

Oração do 3º dia: Pede-se a graça da fé firme e estável

(Logo após as orações iniciais.)

Gloriosíssimo São José, grande patriarca da Nova Aliança, cuja fé mais insigne que a de Abraão, pai dos crentes, adquiriu tão relevantes méritos com a contemplação do Verbo divino humanado; alcançai-me do mesmo Verbo uma fé firme com a qual creia todas as verdades que a Igreja de Cristo nos ensina, até estar disposto a selá-las com meu próprio sangue. Fazei com que eu viva com espírito de fé, reconhecendo e acatando em todas as coisas as adoráveis disposições da divina Providência. Dai-me também as demais graças que sejam convenientes para a minha eterna salvação, bem como a que vos peço nesta novena, se for para a glória de Deus, honra vossa e bem de minha alma. Amém.

(Pede-se a graça.)

(3 Pai-nossos, Ave-Marias e Glórias em honra da Sagrada Família.)

Antífona: José despertou do sono, fez conforme o anjo do Senhor lhe ordenara e a recebeu em sua casa.

℣. Deus o constituiu senhor de sua casa,

℟. *E príncipe de todos os seus bens.*

Oração: Nós te rogamos, Senhor, que nos socorram os méritos do esposo de tua santíssima Mãe, para que aquilo que não podemos obter por nossas próprias forças nos seja concedido por sua intercessão. Ó Senhor, que vives e reinas sendo Deus com o Pai em união com o Espírito Santo, pelos séculos dos séculos. Amém.

Oração do 4º dia: Pede-se a graça da paciência nos sofrimentos

(Logo após as orações iniciais.)

Ó pacientíssimo José, cujos sofrimentos foram tão grandes nas dúvidas e perplexidades do espírito, nas perseguições de Herodes, na perda do divino Menino, nas viagens tão longas e penosas que fizestes e na pobreza e carência com que sustentavas a Sagrada Família. Ante vossos exemplos, eu me surpreendo com minhas impaciências pela mais leve contrariedade que me sobrevenha. Suplico-vos, meu pai amantíssimo, que me alcanceis uma imitação perfeita de vossa paciência nos sofrimentos e que eu sofra com completa resignação na vontade divina quantas penalidades permitir que venham sobre mim em punição merecida de meus pecados ou para provação de paciência. Dai-me também as demais graças que sejam convenientes para a minha eterna salvação, bem como a que vos peço nesta novena, se for para a glória de Deus, honra vossa e bem de minha alma. Amém.

(Pede-se a graça.)

(3 Pai-nossos, Ave-Marias e Glórias em honra da Sagrada Família.)

Antífona: José despertou do sono, fez conforme o anjo do Senhor lhe ordenara e a recebeu em sua casa.

℣. Deus o constituiu senhor de sua casa,

℟. *E príncipe de todos os seus bens.*

Oração: Nós te rogamos, Senhor, que nos socorram os méritos do esposo de tua santíssima Mãe, para que aquilo que não podemos obter por nossas próprias forças nos seja concedido por sua intercessão. Ó Senhor, que vives e reinas sendo Deus com o Pai em união com o Espírito Santo, pelos séculos dos séculos. Amém.

Oração do 5º dia: Pede-se o dom da oração

(Logo após as orações iniciais.)

Gloriosíssimo patriarca São José, cujo espírito morava continuamente nos céus com a oração altíssima que tinhas, as frequentes visitas dos anjos e a contemplação do Verbo encarnado e de sua imaculada Mãe. Suplico-vos que me alcanceis o dom da oração, tão necessário nas misérias desta vida, e que mediante ela me levante desta terra de pecado e perdição para morar com o pensamento e desejo naquela pátria celeste onde vives e reinas bem-aventurado, aonde espero chegar com vossa intercessão e patrocínio. Dai-me também as demais graças, que sejam convenientes para a minha eterna salvação, bem como a que vos peço nesta novena, se for para a glória de Deus, honra vossa e bem de minha alma. Amém.

(Pede-se a graça.)

(3 Pai-nossos, Ave-Marias e Glórias em honra da Sagrada Família.)

Antífona: José despertou do sono, fez conforme o anjo do Senhor lhe ordenara e a recebeu em sua casa.

℣. Deus o constituiu senhor de sua casa,

℟. *E príncipe de todos os seus bens.*

Oração: Nós te rogamos, Senhor, que nos socorram os méritos do esposo de tua santíssima Mãe, para que aquilo que não podemos obter por nossas próprias forças nos seja concedido por sua intercessão. Ó Senhor, que vives e reinas sendo Deus com o Pai em união com o Espírito Santo, pelos séculos dos séculos. Amém.

Oração do 6º dia: Pede-se a virtude do silêncio

(Logo após as orações iniciais.)

Gloriosíssimo Patriarca São José, tão admirável na virtude do silêncio, e de quem – não sem mistério – o santo Evangelho não registrou palavra alguma nos diferentes acontecimentos que a vós se referem. Ensinai-me, meu santo, esta virtude tão necessária para alcançar a perfeição cristã. Dai que cessem todas as minhas palavras de murmuração, presunção, vaidade, ira, sensualidade, impaciência e as outras que são perigosas ou ociosas, para assim evitar os infindos pecados da língua que a cada instante cometo, e ter o caminho livre para alcançar a oração e demais virtudes. Dai-me também as demais graças, que sejam convenientes para a minha eterna salvação, bem como a que vos peço nesta novena, se for para a glória de Deus, honra vossa e bem de minha alma. Amém.

(Pede-se a graça.)

(3 Pai-nossos, Ave-Marias e Glórias em honra da Sagrada Família.)

Antífona: José despertou do sono, fez conforme o anjo do Senhor lhe ordenara e a recebeu em sua casa.

℣. Deus o constituiu senhor de sua casa,

℟. *E príncipe de todos os seus bens.*

Oração: Nós te rogamos, Senhor, que nos socorram os méritos do esposo de tua santíssima Mãe, para que aquilo que não podemos obter por nossas próprias forças nos seja concedido por sua intercessão. Ó Senhor, que vives e reinas sendo Deus com o Pai em união com o Espírito Santo, pelos séculos dos séculos. Amém.

Oração do 7º dia: Pede-se a virtude da obediência

(Logo após as orações iniciais.)

Ó gloriosíssimo patriarca São José! Por aquela obediência tão dócil, pronta e perfeita que mostrastes à vontade de Deus, significada pelo anjo, suplico-vos que me alcanceis, à vossa imitação, uma obediência perfeitíssima a meus superiores e prelados que estão no lugar de Deus, reverenciando-os e obedecendo suas ordens como se de Deus mesmo fossem emanadas. Impetrai-me, também, uma pronta e perfeita obediência à voz de Deus nas inspirações boas que sentir e uma exata observância dos preceitos de Deus e da Igreja. Dai-me também as demais graças, que sejam convenientes para a minha eterna salvação, bem como a que vos peço nesta novena, se for para a glória de Deus, honra vossa e bem de minha alma. Amém.

(Pede-se a graça.)

(3 Pai-nossos, Ave-Marias e Glórias em honra da Sagrada Família.)

Antífona: José despertou do sono, fez conforme o anjo do Senhor lhe ordenara e a recebeu em sua casa.

℣. Deus o constituiu senhor de sua casa,

℟. *E príncipe de todos os seus bens.*

Oração: Nós te rogamos, Senhor, que nos socorram os méritos do esposo de tua santíssima Mãe, para que aquilo que não podemos obter por nossas próprias forças nos seja concedido por sua intercessão. Ó Senhor, que vives e reinas sendo Deus com o Pai em união com o Espírito Santo, pelos séculos dos séculos. Amém.

Oração do 8º dia: Pede-se a virtude da caridade e amor

(Logo após as orações iniciais.)

Glorioso patriarca São José, serafim abrasado no amor de Deus, cujo fogo ardia cada vez mais com a presença, diálogo e contato do Verbo humanado, fonte original do amor divino, merecendo, por fim, entregar vosso espírito nos braços de Jesus, consumido em seu amor inefável. Suplico-vos, pai muito amado, que com vosso fogo derretais e abraseis a frieza de meu coração. Concedei-me que ame continuamente a meu Deus, sem que perca a sua amizade e graça nem um só instante de minha vida; antes, que eu vá crescendo nesse amor até consumir-me em suas divinas chamas. Dai-me também as demais graças, que sejam convenientes para a minha eterna salvação, bem como a que vos peço nesta novena, se for para a glória de Deus, honra vossa e bem de minha alma. Amém.

(Pede-se a graça.)

(3 Pai-nossos, Ave-Marias e Glórias em honra da Sagrada Família.)

Antífona: José despertou do sono, fez conforme o anjo do Senhor lhe ordenara e a recebeu em sua casa.

℣. Deus o constituiu senhor de sua casa,

℟. *E príncipe de todos os seus bens.*

Oração: Nós te rogamos, Senhor, que nos socorram os méritos do esposo de tua santíssima Mãe, para que aquilo que não podemos obter por nossas próprias forças nos seja concedido por sua intercessão. Ó Senhor, que vives e reinas sendo Deus com o Pai em união com o Espírito Santo, pelos séculos dos séculos. Amém.

Oração do 9º dia: Pede-se uma autêntica devoção à Nossa Senhora

(Logo após as orações iniciais.)

Gloriosíssimo patriarca São José, esposo castíssimo de Maria! Ninguém está mais interessado na honra e no culto da imaculada Virgem do que vós. Intercedei, pois, por mim junto a mesma Virgem e ao Verbo divino, a fim de que eu consiga uma verdadeira, filial, terna e constante devoção à vossa celestial esposa a imaculada Virgem Maria. Vós sabeis que esta devoção é sinal de predestinação, e que desejo a todo custo salvar a minha alma. Mas, não ignorais o quão morno e resistente me encontro nas homenagens e culto à Maria. Alcançai-me, pois, vivamente vos suplico, esta devoção ardente e as demais graças que sejam convenientes para a minha eterna salvação, bem como a que vos peço nesta novena, se for para a glória de Deus, honra vossa e bem de minha alma. Amém.

(Pede-se a graça.)

(3 Pai-nossos, Ave-Marias e Glórias em honra da Sagrada Família.)

Antífona: José despertou do sono, fez conforme o anjo do Senhor lhe ordenara e a recebeu em sua casa.

℣. Deus o constituiu senhor de sua casa,

℟. *E príncipe de todos os seus bens.*

Oração: Nós te rogamos, Senhor, que nos socorram os méritos do esposo de tua santíssima Mãe, para que aquilo que não podemos obter por nossas próprias forças nos seja concedido por sua intercessão. Ó Senhor, que vives e reinas sendo Deus com o Pai em união com o Espírito Santo, pelos séculos dos séculos. Amém.

Tríduo a São José (I)

(Em graves necessidades.)

1º dia

Amabilíssimo esposo de Maria, sempre Virgem, e nosso amorosíssimo intercessor, São José, a vós recorro e invoco humildemente por aquelas sete dores amarguíssimas que vos transpassaram o coração no decurso desta vida mortal, e com lágrimas vos recomendo a súplica instante que ouso dirigir à infinita bondade de meu Deus. Ó grande santo, alcançai-me a graça que tão ardentemente vos peço, em memória da afetuosa assistência que a Virgem Maria vos prestou na agonia de vossa preciosa morte. Apresentai-me diante de seu trono, e dizei-lhe: "Tende piedade, Maria, tende piedade deste infeliz, pelo amor que vos consagrei como a minha dileta esposa".

(Pai-Nosso, Ave-Maria e Glória.)

2º dia

Amabilíssimo pai adotivo de Jesus Redentor, a vós recorro e invoco suplicante por aquelas sete suavíssimas alegrias, das quais em vida foi inundado o vosso coração, e vos recomendo o êxito da causa que ora me inquieta e aflige. Ó grande santo, obtende-me a graça que tanto almejo, em lembrança daquele admirável conforto que vos prestou o divino Jesus nas derradeiras aflições de vossa vida. Apresentai-me ante o seu trono, e dizei-lhe: "Tende piedade, Jesus, tende piedade deste infeliz, pelo amor que vos consagrei como meu Filho adorado".

(Pai-Nosso, Ave-Maria e Glória.)

3º dia

Amabilíssimo representante da Santíssima Trindade sobre a terra, ó meu amorosíssimo advogado São José, a vós recorro e invoco fervoroso por aquelas singulares mercês de que fostes largamente enriquecido no céu e vos recomendo com toda efusão de minha alma a súplica que tão vivamente me interessa. Ó grande santo, impetrai do Senhor a graça que desejo, por amor da inefável glória a que fostes pela Santíssima Trindade exaltado depois de vosso venturoso trânsito deste vale de lágrimas. Apresentai-me ante seu trono e dizei-lhe: "Tende piedade, ó Deus, tende piedade deste infeliz, pela reverência humilde que vos consagrei sobre a terra e pela sublime glória de que vos aprouve honrar-me nos céus por toda a eternidade".

(Pai-Nosso, Ave-Maria e Glória.)

Oração final

(Para todos os dias.)

Meu gloriosíssimo protetor São José, eu nada posso merecer por mim mesmo. Conheço por demais a minha insuficiência e humildemente a confesso. Venho, por isso, implorar o vosso poderosíssimo patrocínio, a fim de que me seja dado pela vossa intercessão o que jamais atingiria o meu próprio valimento. Ó grande santo, escutai os meus gemidos, ouvi as minhas súplicas e estimulem a vossa compaixão as lágrimas que a vossos pés derramo. A vós, sim, a vós recorro, ó meu generosíssimo advogado, a fim de que me alcanceis a graça que peço, aflito e suplicante. Portanto, o que podeis para com a Virgem Maria, o que podeis junto à Santíssima Trindade, todo o vosso admirável crédito, interponde-o em meu socorro. Supri minha fraqueza, ó poderoso como sois, fazei que obtido, pela vossa intervenção, o benefício que desejo e imploro, possa jubiloso e contente render-vos as devidas graças e entoar festivos hinos de louvor eterno e de reconhecimento sem limites. Amém.

Tríduo a São José (II)

(Para alcançar uma graça.)

1º dia

Ato de contrição: Patriarca santíssimo, meu patrono e defensor São José, sei que, com minhas detestáveis culpas, muito ofendi a Jesus, meu Deus e meu Senhor; confesso que tenho sido muito ingrato a seus benefícios, que não tenho correspondido a seus chamados e que, por minha rebeldia e dureza, sou merecedor de pena eterna. Mas não ignoro ser tanta a eficácia de vosso patrocínio, que podeis me alcançar de vosso tão misericordioso Filho a graça de seu perdão e de minha salvação eterna. As misericórdias de Deus são sem medida, e sua majestade não despreza ao que vós lhe apresenteis com um coração verdadeiramente contrito. Portanto, meu pai gloriosíssimo, sob vosso patrocínio me refugio; recebei este meu coração ingrato que, com sincera dor, protesta que quer morrer mil vezes antes que voltar a pecar. Amém.

Oração: Ó minha alma! Lembra-te de São José, deste santo que recebeu do Senhor tantos bens para comunicá-los aos desventurados que implorassem seu socorro. Admira a sua grandeza, o seu poder e penetra-te do espírito de suas virtudes. Considera, pois, ó minha alma!, que acima da santidade de todos os antigos patriarcas excede a de São José; pois ele é mais fiel do que Abraão, mais obediente do que Isaac, mais sábio do que Salomão; e para dizer tudo em uma palavra: ele possui virtudes tanto mais elevadas quanto mais próximo está de Jesus, autor de toda graça e santidade. E mais: São José não só se adianta em santidade e pureza aos santos do Antigo Testamento, mas também aos do Novo, como o entende São Bernardino de Sena, sendo a opinião de outros teólogos renomados. E esta eminente e rara santidade foi fruto daquela familiar união que teve com Jesus. E quem poderá compreender a excelência dessa união? Que êxtases tão sublimes! Que colóquios tão divinos! Que familiaridade tão íntima! Ah! Estar sempre com Deus, falar intimamente com Deus, trabalhar ou descansar na companhia e na presença de Deus! Algumas vezes, tendo José em seus braços o divino Infante dormindo, repousai, lhe diria, repousai, vós que dais tranquilidade a todas as criaturas, alegria e paz aos homens de boa vontade. Outras vezes, tomando suas mãozinhas e erguendo-as ao céu: Astros do firmamento, diria ele, eis aqui as mãos que vos formaram. Ó sol! Eis aqui o braço que te tirou do nada. Outras ainda, considerando as suas divinas perfeições, exclamaria: Ó Filho do Deus vivo! Quão amável sois! Ah! Se os homens vos conhecessem! Ó mortais!, abri os olhos: eis aqui vosso tesouro, vossa salvação, vossa vida e vosso tudo.

Ó José santo! Quão felizes são aqueles que vos tomam como modelo e se consagram a imitar vossas virtudes. Olhai e remediai a minha pobreza e a minha nudez espiritual. Vós que sabeis que o céu não se dá senão em recompensa das virtudes, fazei que eu me esforce a imitar as vossas e que siga fielmente o caminho que conduz à glória, observando até à minha morte a lei santa do Senhor. Amém.

(7 Pai-nossos.)

2º dia

(Faz-se o Ato de contrição, como no 1º dia.)

Oração: Eu te saúdo, amável e poderosíssimo São José! O Senhor te predestinou, desde a eternidade, à glória mais admirável, prevenindo-te com especialíssimas bênçãos celestiais.

Eu te reverencio, gloriosíssimo São José! A Santíssima Trindade te concedeu singulares prerrogativas, depois de Maria, sobre todos os santos, e assim como ultrapassaste-os em méritos e santidade, agora possuis mais glória e felicidade do que todos.

Eu te venero, justíssimo São José! O Pai eterno te destinou para seu representante na terra, e para que fosses pai, custódio e protetor de seu Filho único e esposo de sua filha imaculada.

Eu te saúdo, amantíssimo São José! O Espírito Santo te encheu de todos os seus dons, habilitando-te para as admiráveis funções e cargos que devias desempenhar conforme aos desígnios eternos.

Eu te saúdo, admirável São José! A Rainha do céu sempre te olhou com respeito como a seu senhor, com carinho como a seu castíssimo esposo, e com confiança como a sábio tutor de seu Filho único.

Eu te saúdo, ilustre São José! Eu me comprazo em considerar-te elevado acima de todos os coros angélicos, e me atrevo piedosamente a crer que excedes aos querubins em ciência, aos serafins em amor e a todos os anjos em pureza.

Eu te saúdo, celestial José! Tu foste o primeiro adorador do Verbo encarnado; tu, ao nascer o Menino Jesus, uniste tuas adorações às de Maria, teus louvores aos dos anjos e a oferenda de teu coração aos presentes dos reis.

Eu te bendigo, amável São José! Tu foste testemunha silenciosa da divina infância de Jesus, companheiro em seu exílio, auxílio em seus trabalhos e consolo em seus sofrimentos.

Eu te saúdo, felicíssimo São José! Teus braços serviram de trono ao Rei da imortalidade, a Jesus, a quem, estreitando-o mil vezes contra teu peito, banhaste-o com tuas lágrimas e lhe deste os mais ternos afagos.

Eu te saúdo, humildíssimo São José! Com tranquilo e resignado coração, louvaste e bendizeste a Divina Providência, que pôs em tuas mãos a ferramenta de artesão em lugar do cetro dos reis de Judá, e preferiste tua humilde casa de Nazaré ao trono de Davi, teu avô.

Eu te saúdo, fidelíssimo São José! Trinta anos conversaste com Jesus e Maria, e em suas companhias adquiriste as maiores riquezas de graças e virtudes.

Eu te venero, felicíssimo pai e protetor meu, São José! Tua vida santa foi coroada pela morte mais preciosa, pois expiraste nos braços de Jesus e Maria.

Experimento grande consolo, de inefável alegria se enche a minha alma, ó meu amável e poderoso protetor São José; quando ouço que teus servos Gérson, São Francisco de Sales, São Ligório e tua devota Santa Teresa asseguram que ninguém te invoca em vão e que ouves eficazmente as súplicas dos que, sendo teus verdadeiros devotos, imploram teu amparo e proteção. Animado desta confiança a ti venho, a ti recorro, a teus pés me prostro, meu amável amo e pai, São José. Peço-te, com lágrimas e gemidos, que atendas as minhas humildes súplicas e interponhas tua poderosa predileção ante Jesus, teu Filho, e de Maria, tua esposa, e me alcances eficaz solução para todas as minhas necessidades, espirituais e temporais. Amém.

(7 Pai-nossos.)

3º dia

(Faz-se o Ato de contrição, como no 1º dia.)

Oração: Santíssimo e glorioso São José, pelo amor que tendes a Jesus e Maria, digna-te aceitar o desejo de meu coração, de viver em tua presença e oferecer-te incessantemente minhas homenagens e louvores. Em prova de meu amor, venho para consagrar-me a teu serviço; e para que minha consagração seja-te mais agradável, faço-a hoje em presença de Jesus e Maria, de meu anjo custódio e de todos os santos do céu. É meu propósito que esta minha consagração seja perpétua, constante e válida para todos e cada um dos instantes de minha vida.

Eu me submeto à tua autoridade e governo, como se sujeitaram meu Salvador e sua divina Mãe. Eu te dou tudo o que me pertence, e desde agora te declaro dono daquilo que eu possa chegar a possuir, mesmo que seja o maior e mais maravilhoso do mundo. Se o Pai eterno depositou em tuas mãos seu único tesouro, Jesus e Maria, poderei eu duvidar em te consagrar minha pessoa inteira e tudo o que me pertence? Não, e mil vezes não.

São José, tu és meu poderoso protetor. Sim: eu tenho a suave persuasão de que sempre me olhas com ternura, és compassivo em meus trabalhos, atendes as minhas necessidades, e que determinado está a alcançar-me o remédio e o consolo daquele que nada recusa a teus pedidos. Eu descansarei tranquilo à sombra de tua proteção. És meu pai, e como tal sabes cuidar daquilo que me pertence; eu viverei, pois, sossegado e em paz. Tu és meu único refúgio, meu apoio e esperança, depois de Jesus e Maria. O temor já não amargará os meus dias, porque sendo tu o meu pai, me olharás como irmão de Jesus e filho de Maria; e quantos favores me dispensarás pelo mérito destes dois títulos! Tu és meu guia, e eu caminharei com passo firme no caminho do bem e chegarei ao porto seguro da salvação. Tu és meu protetor e mestre, e me ensinarás a ciência da perfeição cristã. Tu és meu defensor, e meus inimigos não se atreverão a combater-me. Tu és meu consolador, e já não temerei as penas da alma, nem as do corpo. Tu és meu protetor, meu defensor e meu intercessor, e tu responderás por minha alma no tempo e na eternidade.

São José, tu és meu poderoso protetor. Despoja minha alma de todo afeto terreno que possa afastá-la do amor de Deus, e enche-a de desejos celestiais. Faz que meu coração seja perfeitamente cristão: um coração adornado de humildade profunda, caridade fervorosa, obediência pronta; coração paciente nos trabalhos, firme nas adversidades, resignado nas humilhações, igual nas vicissitudes da vida, inimigo do pecado, amante da pureza, zeloso da glória de Deus, compassivo com os aflitos, corajoso nas iniciativas cristãs e justo em todos os atos da vida. Enfim, faz com que meu coração seja semelhante ao teu. Introduze-me em tua santa família, recebe-me no número de teus filhos, ou olha-me ao menos como teu escravo. Independente de minha posição, serei feliz se me receberes por teu. Acolhe-me, pois, bondosíssimo José, e sê meu refúgio e meu socorro na vida e na morte. Amém.

(7 Pai-nossos.)

Tríduo a São José (III)

(Para alcançar uma boa morte.)

1º dia

Ó glorioso patriarca e santíssimo José, por aquela grande consolação que tivestes entre as aflições da vossa enfermidade, de vos assistir à cabeceira, administrando-vos algumas coisas, como a seu pai legal, o Legislador do mundo Jesus Cristo: eu vos rogo que na minha mortal enfermidade corra por conta vossa o alívio das minhas tribulações e agonias, fazendo vós que todas elas sejam meritórias na presença do mesmo Senhor, para que dele alcance uma morte preciosa. Amém.

(Pai-nosso, Ave-Maria, Glória.)

2º dia

Ó insigne esposo da rainha dos céus, por aquele intenso amor de Deus que abrasou o vosso coração, quando pouco antes de vossa inocente alma se afastar do corpo, dissestes a Jesus Cristo: "Morrerei muito alegre pela firme esperança que tenho de que, muito em breve, libertareis os que morrem na vossa graça". Eu vos peço que naquela última hora me alcanceis do mesmo Senhor tão ardente caridade, que por Ele morra, e depois com Ele viva na bem-aventurança eterna. Amém.

(Pai-nosso, Ave-Maria, Glória.)

3º dia

Ó castíssimo varão, que pela excelência das virtudes mais pareces anjo do que homem; por aquelas últimas palavras e desejos que ouvistes da boca do Autor da vida no instante da vossa morte, dizendo-vos Jesus Cristo: "Parti agora, ó meu pai. Parti deste vale de misérias e levai aos justos que por mim esperam a boa-nova de que sem demora os irei buscar para levá-los ao meu Reino". Eu vos peço que me alcanceis deste mesmo Senhor um tão eficaz auxílio na hora da minha morte que, verdadeiramente contrito, me afastarei deste desterro para a Pátria celestial, onde em vossa companhia e na de Maria Santíssima, dê a beatíssima Trindade as graças de tão incompensável benefício. Amém.

(Pai-nosso, Ave-Maria, Glória.)

Tríduo a São José (IV)

(Para agradecer uma graça alcançada.)

1º dia

Eu vos bendigo e dou graças, ó meu muito amado protetor São José, por terdes voltado o vosso olhar benigno ao mísero pecador, vosso devoto, por terdes me consolado na aflição e socorrido na dura necessidade que tanto me oprimia. Fazei que eu, ó santo querido, jamais cesse de vos ser agradecido pelo benefício recebido, de modo que possa sempre gozar de vossa proteção. Amém.

(Pai-nosso, Ave-Maria, Glória.)

2º dia

Eu vos bendigo e dou graças, ó meu tão poderoso intercessor São José, por terdes prestado ouvido atento e benévolo às minhas súplicas, por haverdes me livrado do perigo e me acudido na hora da tribulação. Eu vos rogo, ó meu amado santo, que vos digneis assistir-me com o vosso patrocínio durante toda a minha vida, especialmente na hora da minha morte. Amém.

(Pai-nosso, Ave-Maria, Glória.)

3º dia

Eu vos bendigo e dou graças, meu tão afetuoso pai São José, por terdes me estendido a mão benfazeja para socorrer-me com tanta liberalidade na terrível crise em que ainda há pouco, animado de justa confiança, vos invoquei. Ó dileto santo, vós que tudo podeis, como pai adotivo de Jesus e puríssimo esposo de Maria, sua santíssima Mãe, continuai a abrigar-me com o vosso manto e me assegurai o melhor de todos os dons; isto é, que mediante uma vida inteiramente cristã e uma santa morte, eu chegue a desfrutar de Deus, a render-lhe graças e bendizê-lo convosco por todos os séculos no paraíso. Amém.

(Pai-nosso, Ave-Maria, Glória.)

Tríduo a São José (V)

(Por um enfermo.)

1º dia

Glorioso patriarca São José, fazei que o pobre enfermo por quem vos rogamos compreenda bem e pratique esta grande verdade que, por vossa intercessão, alcance de Deus a graça da saúde, a fim de que, socorrido por vós, diga com reconhecimento: Servirei sempre a Deus, que é tão bom e tão poderoso! Amém.

(Pai-nosso, Ave-Maria, Glória.)

℣. Rogai por nós, bem-aventurado São José,

℟. *Para que sejamos dignos das promessas de Cristo.*

2º dia

Glorioso São José, fazei que o enfermo por quem vos rogamos reprove realmente as suas faltas, corrija seus erros e seja sempre fiel a seus deveres. Que ao mesmo tempo vosso poderoso patrocínio restitua-lhe a saúde, a fim de que, contente e reconhecido, professe: Invocarei sempre São José, que tudo pode com a sua intercessão. Amém.

(Pai-nosso, Ave-Maria, Glória.)

℣. Rogai por nós, bem-aventurado São José,

℟. *Para que sejamos dignos das promessas de Cristo.*

3º dia

Glorioso São José, fazei que o enfermo por quem vos rogamos tire proveito de seus sofrimentos para adquirir maiores méritos, para santificar-se cada dia mais e para melhor satisfazer a justiça divina. Mas, fazendo-o progredir na virtude, alcançai-lhe a cura que ele espera de quem dá a morte, mas também vivifica; e que não permita o Senhor onipotente sejam contínuas e sem fim as tribulações, quando as alegrias e consolações não o são.

Lembrai-vos, ó grande santo, de que tendes em vossos braços o Menino Jesus, e vede que, mesmo quando pareça dormir ao vosso peito, seu coração vela e escuta as vossas orações. Sim, nós todos sabemos, para nossa viva consolação, que a vossa predileção é poderosíssima, porque as súplicas que dirigirdes ao Filho de Deus são irresistíveis para aquele que vos escolheu como seu pai adotivo.

(Pai-nosso, Ave-Maria, Glória.)

℣. Rogai por nós, bem-aventurado São José,

℟. *Para que sejamos dignos das promessas de Cristo.*

Oração final

(Para todos os dias.)

Senhor, Deus onipotente, salvação eterna dos que creem e confiam em vós, socorrei o vosso servo enfermo, em favor de quem imploramos a mediação do célebre São José, de modo que, recobrando a saúde e a paz, ele vos renda contínuas graças e vos sirva fielmente na assembleia da Igreja. Amém.

Septenário em louvor das sete dores e sete alegrias de São José (I)

(Nos sete domingos de São José reza-se este septenário[2].
Pode-se rezar também no dia 19 de cada mês.)

1

Ó casto esposo de Maria, glorioso São José, quão dolorosa não foi a aflição, a angústia de vosso coração na perplexidade que sentistes ao tratar de abandonar a vossa esposa sem mácula! Mas, quão grande não foi a alegria quando o anjo vos revelou o grande mistério da encarnação!

Por essa dor e por essa alegria, nós vos pedimos, consolai nosso coração agora e nos últimos sofrimentos pela satisfação de uma vida virtuosa e de uma morte semelhante à vossa, entre Jesus e Maria.

(Pai-nosso, Ave-Maria, Glória.)

2

Ó bem-aventurado e glorioso patriarca São José, que fostes escolhido para ser o pai adotivo do Verbo feito homem; a dor que sentistes ao ver a extrema pobreza em que nasceu o Menino Jesus transformou-se sem tardar em ce-

---

2. Em que consiste os sete domingos de São José? Consiste em que os devotos do santo confessem e comunguem durante 7 domingos seguidos em honra de São José, rezando a oração das sete dores e sete alegrias, além de 7 Pai-nossos, Ave-Marias e Glórias.

leste alegria, quando ouvistes a harmonia do coro dos anjos e quando tivestes a ventura de ser testemunha da glória que enchia essa noite feliz.

Por essa dor e essa alegria, nós vos suplicamos, alcançai-nos a ventura de ouvirmos, após esta vida, os louvores dos coros angélicos e contemplarmos os esplendores da glória celeste.

(Pai-nosso, Ave-Maria, Glória.)

3

Ó fiel observador das leis divinas, glorioso São José, o precioso sangue que Jesus derramou na dolorosa circuncisão, feriu o vosso coração; mas o nome de Jesus, que nessa ocasião ele recebeu, encheu-vos de alegria.

Por essa dor e essa alegria, alcançai-nos a graça de conservar-nos longe de todo pecado, para que possamos morrer felizes e com o nome de Jesus nos lábios e no coração.

(Pai-nosso, Ave-Maria, Glória.)

4

Ó fidelíssimo santo, a quem Deus confiou os mistérios de nossa redenção, glorioso São José, a profecia de Simeão que predizia os sofrimentos de Jesus e de Maria, causou-vos uma dor mortal; mas, ao mesmo tempo, alegrava o vosso coração, ao anunciar que esses sofrimentos seriam a salvação e a gloriosa ressurreição para todas as almas que as desejassem.

Por essa dor e essa alegria, alcançai-nos entrar no número daqueles que, pelos méritos de Jesus e de Maria, um dia hão de ressuscitar gloriosamente.

(Pai-nosso, Ave-Maria, Glória.)

5

Ó guarda atencioso, fiel e íntimo amigo do Filho de Deus feito homem, glorioso São José, quanto sofrestes para sustentar e servir ao Filho do Altíssimo, em particular durante a fuga para o Egito! Mas, quanta doce alegria experimentastes tendo sempre perto de vós este Deus feito homem que por seu poder fez cair ídolos do Egito.

Por essa dor e essa alegria, conservai-nos afastados do inimigo da nossa salvação, especialmente fazendo-nos fugir das ocasiões perigosas; destruí em nosso coração o ídolo das afeições pecaminosas e fazei que nós, unicamente ocupados com o serviço de Jesus e de Maria, vivamos inteiramente entregues a eles e morramos no gozo do celeste amor.

(Pai-nosso, Ave-Maria, Glória.)

6

Ó modelo de obediência, glorioso São José, avisado pelo céu, voltastes para a terra de Israel, aceitando com toda a resignação as muitas e duras privações da viagem. Mas vossas penas transformaram-se em alegria ao saber que na Galileia nenhum perigo mais ameaçava a Sagrada Família.

Por essa dor e essa alegria, imploramos a graça de podermos imitar perfeitamente os vossos exemplos, obedecendo em tudo a voz divina e cumprindo durante toda a nossa vida a vontade de Deus.

(Pai-nosso, Ave-Maria, Glória.)

7

Ó modelo de santidade, glorioso São José, sem culpa perdestes o Menino Jesus e durante três dias o procurastes, abatido pela mais profunda tristeza. Vosso coração encheu-se de celeste alegria quando, finalmente, o encontrastes no templo entre os doutores.

Por essa dor e por essa alegria, nós vos pedimos do fundo do coração, intercedei por nós para que nunca tenhamos a desgraça de perder nosso Jesus por algum pecado grave; e se, algum dia, tivermos a infelicidade de perdê-lo, alcançai-nos a graça de procurá-lo com remorso e ansiedade, e que Ele esteja perto de nós, sobretudo na hora da morte, para que estejamos unidos eternamente no céu, cantando sua glória e sua misericórdia divina.

(Pai-nosso, Ave-Maria, Glória.)

Antífona: Jesus entrou no seu trigésimo ano e o povo o julgava Filho de José.

℣. Rogai por nós, ó bem-aventurado São José,

℟. *Para que sejamos dignos das promessas de Cristo.*

Oração: Ó Deus, que com inefável providência vos dignastes escolher o bem-aventurado São José para esposo de vossa Mãe santíssima, concedei-nos, nós vo-lo suplicamos, que mereçamos ter como intercessor no céu aquele que veneramos na terra como protetor. Vós que viveis e reinais por todos os séculos dos séculos. Amém.

Septenário das sete dores e sete alegrias de São José (II)

(Com os privilégios e as virtudes.)

Ato de contrição: Meu Senhor Jesus Cristo, Deus e homem verdadeiro, por ser vós quem sois, bondade infinita, sinto ter-vos ofendido e proponho com a vossa graça não pecar mais, e espero que isso me conceda pelas dores e gozos de vosso pai adotivo, São José, para perseverar em vosso santo serviço e louvar-vos no céu. Amém.

Oração: Ó ditoso patriarca São José, que sofrendo dores mereces os maiores gozos e especiais privilégios, por seres esposo de Maria e pai de Jesus! Eu te suplico que me alcances o perdão de minhas culpas, graças para não mais pecar é o favor que te peço, saudando-te por tuas sete dores e alegrias. Amém.

Dai-me afetos fervorosos,
José, porque com amores
recordando tuas dores
solenize eu tuas alegrias.

1º privilégio de São José: Alcançar-nos a virtude da castidade

Meu pai e senhor São José, pela dor que tiveste vendo grávida a tua amada esposa e pelo alegre aviso que o anjo te deu de ser obra do Espírito Santo, eu te suplico que me alcances a virtude da castidade (no mais alto grau). Amém.

(Pai-Nosso, Ave-Maria.)

Por esta alegria e dor,
te pedimos, pai amante,
que uma fé firme e constante
nos alcances do Senhor.

2º privilégio de São José: Sairmos do estado de culpa

Meu protetor São José, pela dor que tiveste vendo Jesus nascer desprezado e na pobreza, e pela alegria de vê-lo adorado pelos pastores e reis, suplico-te que me alcances uma verdadeira dor de minhas culpas e retornar à amizade de meu Deus.

(Pai-nosso, Ave-Maria.)

Por esta alegria e dor,
temos grande confiança
de que uma firme esperança
nos alcance do Senhor.

3º privilégio de São José: Alcançarmos a verdadeira devoção à Nossa Senhora

Meu intercessor São José, pela dor que tiveste vendo teu Filho derramar seu sangue preciosíssimo na circuncisão, e pela alegria que tiveste ao ouvir que lhe foi colocado o doce nome de Jesus ou Salvador, suplico-te que me alcances um grande afeto e devoção à Maria Santíssima.

(Pai-nosso, Ave-Maria.)

Por esta alegria e dor,
ó pai de piedade!
Que uma ardente caridade
nos alcance do Senhor.

4º privilégio de São José: Alcançar-nos uma boa morte

Meu patrono e senhor São José, pela dor que sentiste profetizando Simeão a morte de Jesus e pela alegria que tiveste sabendo que morreria para redimir-nos, suplico-te que me alcances uma morte em graça e entregar o meu espírito nas mãos de Jesus, Maria e José. Amém.

(Pai-nosso, Ave-Maria.)

Por esta dor e alegria,
na maior impiedade,
a virtude da prudência
nos alcance do Senhor.

5º privilégio de São José: Expulsar demônios sob a sua invocação

Patriarca São José, pela dor que tiveste sabendo que Herodes queria matar o teu Filho Jesus e pela alegria que te anunciou o anjo, foge ao Egito, suplico-te, puríssimo José (a cuja invocação fogem os demônios), que me assinales com o selo de teu nome, para que, gravado em meu coração e repetido com meus lábios, sirva-me de forte escudo contra todo mal. Amém.

(Pai-nosso, Ave-Maria.)

Por esta alegria e dor,
confiamos em teu carinho
que uma acertada justiça
nos alcance do Senhor.

6º privilégio de São José: socorro nas necessidades corporais

Meu defensor São José, pelo temor com que obediente caminhaste para a terra de Israel e pela alegria que foste para Nazaré, suplico-te que me alcances paciência e a solução para os meus afazeres e tribulações.

(Pai-nosso, Ave-Maria.)

Por esta alegria e dor,
socorre nossa fraqueza,
e uma heroica fortaleza
nos alcance do Senhor.

7º privilégio de São José: Alcançar aos casais os filhos que Deus lhes indicar

Meu santo, São José, pela dor que sentiste na ausência de Jesus e pela alegria que tiveste ao vê-lo ensinando no templo, suplico-te que alcances às famílias católicas a graça da sucessão familiar. Amém.

(Pai-nosso, Ave-Maria.)

Por esta alegria e dor,
tenhamos feliz ventura,
e uma temperança segura
nos alcance do Senhor.

(Momento para os pedidos particulares.)

Oração final: Santíssimo Patriarca São José, digníssimo esposo da Virgem Maria e pai adotivo de nosso Redentor Jesus, por tuas heroicas virtudes, dores e alegrias, mereceste tão singulares títulos, e por eles tão singulares privilégios para interceder por teus devotos: suplico-te, meu santo, que alcances pureza inteira aos jovens, castidade aos casados, continência aos viúvos, santidade e dedicação aos sacerdotes, paciência aos confessores, obediência aos religiosos, fortaleza aos perseguidos, discrição e conselho aos superiores, auxílios poderosos aos pecadores e descrentes para que se convertam, perseverança aos penitentes, e que todos alcancemos ser devotos de tua amada esposa Maria Santíssima; para que, por sua intercessão e a tua, possamos vencer nossos inimigos pelos méritos de Jesus e conseguir as graças e favores que te pedimos neste septenário, para santificar nossas almas até conseguir abençoada morte e gozar de Deus eternamente no céu. Amém.

Septenário para o dia dos desposórios de José e Maria (III)[3]

Ato de contrição: Meu Senhor Jesus Cristo, Deus e homem verdadeiro, criador e redentor meu, pesa-me de todo o coração ter-vos ofendido, por ser vós quem sois e porque vos amo acima de todas as coisas. Peço-vos que me perdoeis de todos os pecados por intercessão do tão glorioso patriarca São José, a quem desejo homenagear neste septenário. Peço-vos também pelos merecimentos de vossa e minha Mãe santíssima, e pelo preço infinito de vosso divino sangue por mim derramado. Proponho nunca mais vos ofender e suplico-vos que me concedais graça copiosa para empregar santamente neste septenário e em todos os dias de minha vida, até morrer em vossa amizade e graça. Amém.

1ª oração

Castíssimo José, mil felicitações vos dou, porque o eterno Pai vos escolheu entre todos os homens para fiel esposo da mais bela Raquel, da mais agraciada Ester, da mais corajosa Judite, da mulher mais forte, da virgem mais pura, da rainha dos anjos, da Mãe de Jesus, de Maria Santíssima minha Senhora; por este privilégio vos suplico que me al-

---

3. Antigamente se comemorava no dia 23 de janeiro.

canceis do Altíssimo, que eu esteja entre os escolhidos para acompanhar-vos eternamente na glória. Amém.

(Pai-nosso, Ave-Maria.)

2ª oração

Castíssimo José, mil felicitações vos dou porque tivestes por consorte a melhor e mais elevada palma do deserto, que a vossa vista trouxe o fruto mais belo, Jesus nosso Salvador: por este privilégio, e por ter florescido milagrosamente a vossa vara no dia de tão felizes desposórios, suplico-vos que me alcanceis de sua majestade que eu floresça em virtudes, leve o fruto de boas obras e mereça a palma incorruptível. Amém.

(Pai-nosso, Ave-Maria.)

3ª oração

Castíssimo José, mil felicitações vos dou porque recebestes por esposa a arca do maná divino, nave prodigiosa que nos trouxe do céu o Pão dos anjos, Jesus nosso bem, quem quis obedecer-vos como a um pai; por este privilégio vos suplico que me alcanceis de vosso Filho obediência a seus mandamentos e que eu receba dignamente o Santíssimo Sacramento, no qual está realmente presente, e estará até o fim do mundo, de onde espero, com vosso favor, sair para a glória. Amém.

(Pai-nosso, Ave-Maria.)

4ª oração

Castíssimo José, mil felicitações vos dou porque merecestes ter convosco aquela puríssima pérola, concebida e criada no insondável prazer do imenso mar da graça, gema de tanto valor, que por seus muitos quilates e singular brilho, todos os tesouros do mundo são nada para comprá-la: por este privilégio vos suplico que me alcanceis da imensa Majestade, que eu saia livre do tempestuoso mar de minhas culpas, para que, limpo meu coração de toda mancha, somente viva nele a graça do Senhor. Amém.

(Pai-nosso, Ave-Maria.)

5ª oração

Castíssimo José, mil felicitações vos dou porque merecestes como astro de esfera mui sublime ter por companheira a aurora mais brilhante que amanheceu em nosso nascente, trazendo-nos o mais abençoado dia da graça, no divino Sol de Justiça, Cristo Jesus: por este privilégio vos suplico que me alcanceis de seus benéficos raios, a luz de que necessito para sair das trevas da culpa e andar pelo caminho claro que conduz à glória. Amém.

(Pai-nosso, Ave-Maria.)

6ª oração

Castíssimo José, mil felicitações vos dou porque tivestes por esposa aquela grande águia que alçou seu voo até o deserto e quebrou com seus calcanhares a indômita cabeça da serpente que queria engolir o Filho que tinha em seu ventre; quem, qual pelicano amoroso, havia de nos redimir e alimentar com seu precioso sangue: por este privilégio vos suplico que me alcanceis, purificada minha alma com seu santíssimo sangue, elevar com as asas de vossa proteção ao voo do deserto do mundo até chegar à glória. Amém.

(Pai-nosso, Ave-Maria.)

7ª oração

Castíssimo José, mil felicitações vos dou porque fostes senhor daquele misterioso livro que recebestes em vossas mãos, escrito por dentro e por fora sem mancha, borrão ou errata, fechado com sete selos, impresso na oficina da graça: por este privilégio vos suplico que, quando o livro de minha vida for lido no tribunal supremo, diante do mundo inteiro no dia do juízo, eu não pareça confuso por vê-lo manchado com minhas culpas, antes se vejam apagadas com a penitência, para que eu saia livre e passe à corte da glória. Amém.

(Encerra-se com 7 Pai-nossos, Ave-Marias e Glórias.)

As sete estações de São José

(Para alcançar graças.)

Ato de contrição: Meu Senhor Jesus Cristo, Deus e homem verdadeiro, criador e redentor meu, pesa-me de todo o coração ter-vos ofendido, por ser vós quem sois e porque vos amo acima de todas as coisas. Peço-vos que me perdoeis de todos os pecados por intercessão do tão glorioso patriarca São José, a quem desejo homenagear neste septenário. Peço-o também pelos merecimentos de vossa e minha Mãe santíssima, e pelo preço infinito de vosso divino sangue por mim derramado. Proponho nunca mais vos ofender e suplico-vos que me concedais graça copiosa para empregar santamente neste septenário e em todos os dias de minha vida, até morrer em vossa amizade e graça. Amém.

(Oferecimento)

1ª estação: Nascimento de São José

Gloriosíssimo patriarca, meu pai São José: eu te ofereço esta estação e te peço que, pelo singular favor que Deus nosso Senhor te fez ao criar-te para ser esposo castíssimo de Maria Santíssima e pai adotivo de Jesus, conceda-me o favor que solicito, por Nosso Senhor Jesus Cristo. Amém.

(Oferecimento)

2ª estação: Desposórios de São José

Dulcíssimo pai e meu senhor, São José: eu te ofereço esta estação e te peço que, pela dignidade tão alta, dons e privilégios que o Senhor te concedeu ao dar a mão de esposo à rainha dos céus, alcance-me desta soberana Senhora a boa notícia de minha petição, se convier para a sua maior honra e glória, por Nosso Senhor Jesus Cristo. Amém.

(Oferecimento)

3ª estação: Nas dúvidas de São José

Meu aflitíssimo pai São José: eu te ofereço esta estação e te peço que, por aquela prudência, resignação, silêncio e humildade com as quais toleraste a dor de tuas suspeitas, padecendo sozinho tuas aflições, alcance-me, de tua santíssima esposa, a boa notícia de minha petição, se convier. Por Nosso Senhor Jesus Cristo. Amém.

(Oferecimento)

4ª estação: A alegria de São José no nascimento do Menino Deus

Amorosíssimo pai São José: eu vos congratulo pela alegria inefável que teu coração teve no nascimento do divino Menino Jesus, quando nos braços da aurora adoraste ao Sol de Justiça; eu te ofereço esta estação e te peço que me alcances deste Senhor e de tua santíssima esposa o que mais me convier para o bem de minha alma. Por Nosso Senhor Jesus Cristo. Amém.

(Oferecimento)

5ª estação: A alegria de São José na adoração dos santos reis

Meu felicíssimo pai São José: não cabe em humano entendimento a alegria que tiveste em ver, conhecido e adorado por três reis o teu dulcíssimo Filho Jesus; eu te peço que por essas inefáveis alegrias me alcances uma boa consciência, e o que sabes que te peço e necessito, sendo para a maior honra e glória de Deus e bem de minha alma. Por Nosso Senhor Jesus Cristo. Amém.

(Oferecimento)

6ª estação: A dor de São José por ter de fugir para o Egito

Meu aflitíssimo pai São José: quanta foi tua angústia e sentimento quando, em companhia de tua santíssima esposa, saíste à meia noite fugindo para o Egito, para guardar a vida do divino Menino Jesus! Eu te ofereço esta estação e te peço que por essas tuas penas que padeceste, em companhia de tua santíssima esposa, alcances-me desta senhora amabilíssima aquilo que me convém para o bem de minha alma. Por Nosso Senhor Jesus Cristo. Amém.

(Oferecimento)

7ª estação: O dulcíssimo trânsito de São José

Meu dulcíssimo intercessor e pai amantíssimo São José: quem poderá expressar a doçura de amor divino que tanto cresceu em tua cândida alma que, tirando-lhe a vida, entregaste teu espírito nas mãos de Jesus e Maria? Eu te ofereço, patriarca santíssimo, esta oração, e por essa fidelidade humildemente te peço que eu alcance entregar minha alma em tuas mãos e nas de tua santíssima esposa, para cantar eternamente os benefícios que de ti tenho recebido e as misericórdias de meu Deus e Senhor. Amém.

Oração final: Meu amorosíssimo senhor e gloriosíssimo patriarca São José, consolo dos desamparados, seguro norte de nossa esperança e remédio universal de nossas necessidades, em cujas mãos depositou Deus com liberalidade os tesouros de sua onipotência, em benefício de teus devotos e dos que em suas angústias valem-se de teu patrocínio e amparo: lembra-te, meu gloriosíssimo santo, de tuas misericórdias, e que ninguém até agora, daqueles que verdadeiramente acudiram a teu patrocínio, saíram desconsolados de tua presença. Olha, portanto, meu pai, minha aflição e necessidade para socorrê-la; e se acaso o que te peço não há de ser para a maior honra tua e glória de Deus, apaga de meu coração esse desejo, imprimindo em seu lugar em minha alma uma humilde resignação e conformidade perfeita com a sua santíssima vontade; para que, mediante ela e a poderosíssima intercessão de tua querida esposa Maria Santíssima e também de tua intercessão, consiga morrer em ósculo suavíssimo de meu Redentor Jesus, para ir louvá-lo, bendizê-lo e glorificá-lo por todos os séculos. Amém.

Ladainha de São José (I)

Senhor, tende piedade de nós.

Jesus Cristo, tende piedade de nós.

Senhor, tende piedade de nós.

Jesus Cristo, *ouvi-nos*.

Jesus Cristo, *atendei-nos*.

Pai celeste, que sois Deus, *tende piedade de nós.*

Filho, redentor do mundo, que sois Deus, *tende piedade de nós.*

Espírito Santo, que sois Deus, *tende piedade de nós.*

Santíssima Trindade, que sois um só Deus, *tende piedade de nós.*

Santa Maria, *rogai por nós.*

São José, *rogai por nós.*

Ilustre descendente de Davi,

Luz dos patriarcas,

Esposo da Mãe de Deus,

Guarda puríssimo da Virgem,

Nutrício do Filho de Deus,

Diligente defensor de Cristo,

Chefe da Sagrada Família,

José justíssimo,

José castíssimo,

José prudentíssimo,

José fortíssimo,

José obedientíssimo,

José fidelíssimo,

Espelho de paciência,

Amante da pobreza,

Modelo dos operários,

Glória da vida do lar,

Guarda das virgens,

Amparo das famílias,

Consolador dos aflitos,

Esperança dos enfermos,

Padroeiro dos moribundos,

Terror dos demônios,

Protetor da Santa Igreja,

Cordeiro de Deus, que tirais os pecados do mundo, *perdoai-nos Senhor.*

Cordeiro de Deus, que tirais os pecados do mundo, *ouvi-nos Senhor.*

Cordeiro de Deus, que tirais os pecados do mundo, *tende piedade de nós.*

℣. O Senhor o fez dono de sua casa,

℟. E *administrador de todos os seus bens.*

Oração: Ó Deus, que por inefável providência vos dignastes escolher o bem-aventurado José para esposo da vossa Mãe Santíssima; concedei-nos, nós vo-lo pedimos, que venerando-o aqui na terra como protetor, mereçamos tê-lo no céu como intercessor. Vós que viveis e reinais pelos séculos dos séculos. Amém.

Ladainha de São José (II)

Senhor, tende piedade de nós.

Jesus Cristo, tende piedade de nós.

Senhor, tende piedade de nós.

Jesus Cristo, *ouvi-nos.*

Jesus Cristo, *atendei-nos.*

Deus Pai celestial, *tende piedade de nós.*

Deus Filho, Redentor do mundo, *tende piedade de nós.*

Deus Espírito Santo, *tende piedade de nós.*

Santíssima Trindade, que sois um só Deus, *tende piedade de nós.*

Santa Maria Virgem, *rogai por nós.*

São José, esposo de Maria, *rogai por nós.*

São José, tutor e pai adotivo de Jesus,

São José, custódio da virgindade de Maria,

São José, chefe da Sagrada Família,

São José, servo prudente e fiel,

São José, cheio dos dons do Espírito Santo,

São José, anjo da pureza,

São José, perfeito na humildade,

São José, ardente na caridade,

São José, modelo dos contemplativos,

São José, exemplo dos atribulados,

São José, modelo de perfeição no silêncio,

São José, regra viva de prudência,

São José, patrono da vida interior,

São José, varão segundo o Coração de Deus,

São José, Abel na inocência,

São José, Moisés na mansidão,

São José, Isaac na obediência,

São José, Abraão na fé,

São José, ultrapassando os profetas na esperança,

São José, serafim no amor,

São José, consolo de nossas penas,

São José, recurso dos necessitados,

São José, protetor de vossos devotos,

São José, amparo dos moribundos,

São José, nosso advogado diante de Deus,

São José, objeto das complacências de Deus,

São José, que viajastes a Belém com vossa esposa Maria,

São José, que vistes Jesus nascido e recostado no presépio,

São José, que tivestes a felicidade de tê-lo em vossos braços,

São José, que vos alegrastes vendo-o ser adorado pelos pastores,

São José, que gozoso o vistes adorado pelos reis,

São José, que com dor vistes Jesus derramar seu sangue na circuncisão,

São José, que com Maria apresentastes Jesus no templo,

São José, que ouvistes a profecia de Simeão,

São José, que fugistes para o Egito para salvar Jesus recém-nascido,

São José, que regressastes a Nazaré com Jesus e Maria,

São José, aflito por três dias com a perda de Jesus,

São José, alegre por tê-lo achado entre os doutores,

São José, que, com vosso suor, alimentastes o próprio Deus,

São José, a quem se sujeitou o Rei dos reis,

São José, que tivestes a felicidade de expirar nos braços de Jesus e Maria,

São José, protetor da Igreja,

José santo, *ouvi-nos e escutai-nos.*

Cordeiro de Deus, que tirais os pecados do mundo, *perdoai-nos, Senhor.*

Cordeiro de Deus, que tirais os pecados do mundo, *escutai-nos, Senhor.*

Cordeiro de Deus, que tirais os pecados do mundo, *tem misericórdia de nós.*

℣. Esposo castíssimo da Mãe de Deus e Mãe Virgem.

℟. *Rogai por nós em vida e principalmente na hora de nossa morte.*

Oração: Ó Deus, que por uma inefável providência vos dignastes escolher São José por esposo de vossa santíssima Mãe, fazei que mereçamos ter por intercessor nos céus aquele que veneramos como nosso protetor na terra. Vós que viveis e reinais pelos séculos dos séculos. Amém.

Preces litânicas de São José (I)

São José, o mais eminente dos patriarcas, *rogai por nós*.

São José, dotado de inefáveis bênçãos,

São José, eleito entre todos os homens para esposo de Maria,

São José, varão justíssimo, que sacrificastes vossas dúvidas e ansiedades para a boa fama de vossa esposa,

São José, a quem serviu a rainha do céu,

São José, companheiro inseparável da bem-aventurada Virgem Maria,

São José, chamado de pai de Jesus,

São José, tutor amantíssimo de Jesus,

São José, educador fidelíssimo de Jesus,

São José, pai vigilantíssimo das famílias,

São José, que depois da Virgem fostes o primeiro a adorar o Menino Jesus,

São José, que livrastes Jesus de Herodes,

São José, instruído por Jesus no caminho da perfeição,

São José, o mais familiar de Jesus após a Virgem,

São José, encanto do Menino Deus,

São José, copioso nos dons do Espírito Santo,

São José, varão angelical,

São José, que exercestes para com Jesus o ofício de anjo custódio,

São José, que, qual arcanjo, anunciastes os divinos oráculos,

São José, que, qual principado, governastes Jesus, Anjo do grande conselho[4],

São José, que, qual virtude, fostes ministro de Cristo,

São José, que, qual potestade, acompanhastes Jesus quando destruiu os ídolos do Egito,

São José, maior que as dominações, a quem ao Rei e à Rainha dos céus serviram,

São José, em cujos braços e regaço como num trono repousou Jesus,

São José, que, qual querubim, guardastes o paraíso virginal de Maria,

São José, serafim abrasado do amor divino,

São José, esclarecidíssimo por vossa virgindade, paciência e divinas consolações,

São José, observador das maravilhas de Jesus,

São José, que soubestes contemplar as maravilhas mais sublimes do Altíssimo,

---

4. Ou *mensageiro do grande conselho*, conforme a versão grega da Bíblia conhecida como Septuaginta. Cf. Is 9,5.

São José, que conhecestes a hora de vossa morte e para ela fostes preparado por Jesus e Maria,

São José, que expirastes nos braços de Jesus,

São José, precursor de Jesus no limbo dos Santos Pais[5],

São José, vaso precioso cheio das mais exclusivas virtudes e privilégios,

São José, dulcíssimo patrono e defensor nosso,

℣. Pela paixão de teu dulcíssimo Filho,

℟. Ouve, Senhor, o teu povo.

℣. Pela virgindade da querida Mãe de teu Filho,

℟. Salva, Senhor, o teu povo.

℣. Pela fidelidade de São José,

℟. Protege, Senhor, o teu povo.

℣. Senhor, escuta a minha oração,

℟. E chegue a ti o meu clamor.

Oração: Nós te rogamos, Senhor, que nos socorram os méritos do esposo de tua santíssima Mãe, para que, aquilo que não podemos obter por nossas próprias forças, seja-nos concedido por sua intercessão. Ó Senhor, que vives e reinas sendo Deus com o Pai em união com o Espírito Santo, pelos séculos dos séculos. Amém.

---

5. A *mansão dos mortos*, do Credo.

Preces litânicas para comemorar o trânsito de São José e se preparar para a morte (II)

(Faz-se durante 7 dias.)

São José, chamado varão justo pelo próprio Espírito Santo, *assisti-nos em nossa última hora.*

São José, angelical esposo da sempre Virgem Maria,

São José, a quem o próprio Filho de Deus chamou de pai,

São José, a quem o Pai celestial fez partícipe de sua paternidade e de seu infinito amor para com seu Filho unigênito,

São José, pai nutrício que alimenta todas as criaturas,

São José, a quem esteve submisso o Filho do Todo-poderoso,

São José, a quem a Trindade deífica associou ao grande mistério da encarnação,

São José, a quem Deus confiou o tesouro imenso de Jesus e Maria,

São José, cujos trabalhos, suores e a vida inteira se consagrou ao Deus humanado e à sua Mãe santíssima,

São José, modelo de sofrimento, de virgindade e vulcão de amor divino,

São José, príncipe dos patriarcas,

São José, que na glória ocupais um trono perto do de Jesus e Maria,

São José, que no céu exerceis a influência e o privilégio de pai para com Jesus e de esposo para com Maria,

São José, protetor das almas virgens,

São José, espelho do ministério sacerdotal,

São José, exemplar da santidade do matrimônio cristão,

São José, defensor dos moribundos em sua última agonia,

São José, advogado da humanidade em todas as suas misérias e necessidades,

Oração: Por todos estes privilégios, méritos e graças nós, vossos devotos vos pedimos, sublime e poderosíssimo patrono nosso São José, que nos alcanceis algo de vossas eminentes virtudes; que nos assistais nas várias vicissitudes desta vida mortal; que nos patrocineis na hora de nosso trânsito, e depois nos apresenteis no céu a Jesus e a Maria. Também vos pedimos pela Igreja Católica, pelo Sumo Pontífice e demais prelados, e por todos os fiéis que vivem em sua união e obediência. Jesus, José, Maria, na vida e na morte amparai a minha alma. Louvores e graças dê sempre a minha alma aos alvos de meu amor: Jesus, José, Maria.

Preces litânicas de São José em honra dos sagrados corações (III)

São José, virginal esposo de Maria, *rogai por nós.*

São José, homem justo segundo o Coração de Deus,

São José, custódio fiel da Mãe e do Filho de Deus,

São José, confidente íntimo dos sagrados corações de Jesus e de Maria,

São José, fiel imitador das virtudes destes sagrados corações,

São José, modelo da vida oculta e de íntima união com os sagrados corações de Jesus e de Maria,

São José, modelo de generosidade para com os sagrados corações de Jesus e de Maria,

São José, consolado em suas provas por estes sagrados corações,

São José, que vivestes em Nazaré na paz dos sagrados corações de Jesus e de Maria,

São José, revestido de autoridade paternal sobre o sagrado Coração de Jesus Cristo,

São José, ardente em amor para com os sagrados corações de Jesus e de Maria,

São José, que aprendestes a doçura, a humildade e a misericórdia na escola dos sagrados corações,

São José, instruído na vida interior na escola destes sagrados corações,

Rogai por nós, São José, vós que expirastes no amor dos sagrados corações de Jesus e de Maria,

São José, que participais no céu das delícias destes sagrados corações,

São José, que ocupais no céu um lugar perto de Jesus e de Maria,

São José, poderoso protetor da Igreja militante,

São José, compassivo defensor da Igreja padecente,

Antecipai com vossas súplicas o triunfo da Igreja, *ó São José! Poderoso com o Coração de Jesus!*

Consolai e protegei a nosso Soberano Pontífice Rei,

Cuidai e defendei a nossa amada pátria,

Pedi para nós o amor dos sagrados Corações,

Rogai por todas as congregações religiosas,

Rogai pelos sacerdotes e missionários,

Rogai por todos os pecadores e afastados da Igreja,

Oração: Ó Deus, que nos ofereceis São José como o modelo da verdadeira devoção aos sagrados corações de Jesus e Maria e no-lo dais como patrono em meio às provas que afligem o mundo e a Igreja! Concedei-nos, por sua intercessão, a graça de chegar a ser verdadeiros filhos destes sagrados corações. Vo-lo pedimos pelo próprio Jesus Cristo nosso Senhor. Amém.

Os sete júbilos de São José

1º júbilo de São José: Ter Jesus por Filho

Ó José jubiloso! Bendigo ao eterno Pai porque entre todos os homens ele vos escolheu para pai adotivo de seu unigênito Filho. Por este júbilo eu vos peço que me alcanceis a graça de não perder pelo pecado grave a amizade e a graça do único Senhor Jesus Cristo.

(Pai-nosso, Ave-Maria, Glória.)

2º júbilo de São José: O aviso da morte de Herodes

Ó José pacientíssimo! Louvo a Santíssima Trindade que, com um anjo, vos avisou da morte de Herodes, cruel perseguidor de vosso Filho Jesus. Por este júbilo, peço-vos que eu morra para todos os meus vícios e vós reforceis no meu peito o reinado da caridade.

(Pai-nosso, Ave-Maria, Glória.)

3º júbilo de São José: Ter por esposa a Mãe de Deus

Ó José puríssimo! Adoro e glorifico a Santíssima Trindade por ter-vos dado por esposa aquela que tinha escolhido para Mãe do Verbo encarnado. Por este júbilo vos peço que me torneis humilde escravo de Jesus e terno Filho de Maria.

(Pai-nosso, Ave-Maria, Glória.)

4º júbilo de São José: Seu admirável silêncio

Ó José felicíssimo! Graças infinitas dou à Santíssima Trindade por ter-vos concedido a perfeita guarda do silêncio entre grandes alegrias e amargas dores. Por essa virtude vos peço que me deis a graça de refrear a minha língua no próspero e no adverso, para não ofender a Deus com as minhas palavras.

(Pai-nosso, Ave-Maria, Glória.)

5º júbilo de São José: Por ter sido por muitos anos fiel servidor de Jesus e Maria.

Ó José fidelíssimo! Adoro e bendigo a Santíssima Trindade por ter-vos escolhido para que, com vossos suores, trabalhos, fadigas e desvelos, cuidasseis de Jesus e Maria, proporcionando-lhes a veste e o sustento. Por este júbilo vos peço que me deis a graça de servir ao meu Redentor e à sua Mãe em tudo o que for de seu agrado.

(Pai-nosso, Ave-Maria, Glória.)

6º júbilo de São José: A ciência da divina contemplação

Ó José santíssimo! Eu glorifico a Santíssima Trindade por ter-vos elevado à altíssima contemplação dos mistérios da Sabedoria Incriada. Por esse júbilo vos peço que me alcanceis o dom da oração e me torneis zeloso pela glória de Deus e o bem das almas.

(Pai-nosso, Ave-Maria, Glória.)

7º júbilo de São José: Sua morte nos braços de Jesus e Maria

Ó José ditosíssimo! Bendigo e louvo a Santíssima Trindade que vos concedeu a tão singular graça de exalar vosso último suspiro nos braços de Jesus e Maria. Por essa felicidade vos peço que me torneis diligente, perseverante e fiel em servir a Jesus, a Maria e a vós, meu José. Amém.

Oração: Ó José santíssimo! Por todos estes privilégios, que tão jubiloso vos fizeram nesta vida, suplico-vos que queirais atender a nossas misérias e infortúnios, não só espirituais, mas também temporais. Afastai de nós as punições do céu; defendei-nos da falta de clemência; dissipai as tormentas; submetei os raios; contende os terremotos, dai-nos tempo bom, para que se desfrute dos frutos da terra e sejamos favorecidos, meu santo, em toda necessidade. Amém.

Do saltério de São José

Salmo 1

Bem-aventurado aquele que vos ama, ó José!

Ele encontrará um poderoso auxílio em vossa proteção.

Feliz é o homem que caminha sobre os vossos passos,

e que observa os caminhos da justiça.

Ele será como uma árvore plantada na corrente das águas,

e produzirá em abundância todos os frutos da caridade.

Suas obras terão sucesso felizmente,

e a graça do Senhor estará com ele.

Recorrei a José, vós que estais consumidos pelos ardores da concupiscência,

e ele vos refrescará nas fontes eternas.

Buscai-o, vós que estais deslumbrados pela vaidade do mundo,

e ele vos mostrará os verdadeiros bens.

Ele vos fará conhecer o caminho das misericórdias de Deus,

e vos ensinará os mandamentos do Senhor.

Vós sois abençoado entre todos os homens, ó José,

por causa da vossa fé e humildade profunda.

Vós os ultrapassais pela excelência de vossa santidade,

que vós elevastes acima dos anjos.

Glória ao Pai, ao Filho e ao Espírito Santo.

agora, como no início, e sempre, pelos séculos dos séculos. Amém.

Salmo 150

Louvai José em seu santuário,

louvai-o em suas virtudes e privilégios.

Louvai-o, companhia dos patriarcas,

louvai-o, assembleia dos justos.

Louvai-o, coros dos anjos,

louvai-o todos, corações abrasados de amor.

Louvai-o, vós que suspirais pelas delícias eternas,

louvai-o, amantes da pobreza.

Louvai-o, cidadãos da Jerusalém celeste,

louvai-o, puros espíritos.

Exército glorioso dos mártires, celebrai José,

que foi o primeiro a ter a felicidade de sofrer a perseguição por Jesus Cristo.

Anacoretas e solitários,

louvai o grande mestre da vida interior.

Louvai José, vós todos a ele unidos pelos vínculos do amor,

louvai-o, vós todos que amais a Jesus e a Maria.

Que todos os espíritos louvem-no sem cessar,

no tempo e na eternidade. Amém.

Rosário de São José pela Igreja (I)

℣. Vinde ó Deus em meu auxílio,

℞. *Socorrei-me sem demora.*

Glória ao Pai...

Oração inicial: Ó bem-aventurada Trindade! Eu vos adoro, vos amo, vos louvo e vos bendigo com todo o meu coração, porque escolhestes São José para esposo da Virgem Imaculada, pai nutrício de Jesus e custódio fiel de Maria. Pelos méritos de São José e a intercessão deste grande santo, protegei a santa Igreja e fazei resplandecer em seus ministros as virtudes próprias de sua sublime vocação; santificai os religiosos e preservai a juventude e todo o povo cristão do contágio do vício.

(Glória, 3x.)

Primeira dezena

(Pai-nosso e 10 vezes a seguinte jaculatória:)

℣. Glorioso São José, a quem a Beatíssima Trindade confiou a Virgem Imaculada,

℟. *Rogai pela Santa Igreja.*

(Ao final de cada dezena se diz:)

Bendita seja a adorável Trindade que escolheu São José para chefe da Sagrada Família, tesoureiro de seus bens e dispensador de suas graças.

Segunda dezena

(Pai-nosso e 10 vezes a seguinte jaculatória:)

℣. São José, apoio e sustentáculo de Maria, consolo daquela que é o refúgio de aflitos,

℟. *Protegei o Soberano Pontífice.*

(Ao final de cada dezena se diz:)

Bendita seja a adorável Trindade que escolheu São José para chefe da Sagrada Família, tesoureiro de seus bens e dispensador de suas graças.

Terceira dezena

(Pai-nosso e 10 vezes a seguinte jaculatória:)

℣. São José, anjo tutelar do Verbo encarnado e custódio fiel da virgindade de Maria,

℟. *Rogai pelo clero.*

(Ao final de cada dezena se diz:)

Bendita seja a adorável Trindade que escolheu São José para chefe da Sagrada Família, tesoureiro de seus bens e dispensador de suas graças.

Quarta dezena

(Pai-nosso e 10 vezes a seguinte jaculatória:)

℣. São José, primeiro adorador do Verbo encarnado no imaculado seio de Maria, tabernáculo vivo do Deus humanado,

℟. *Intercedei pelos religiosos e virgens consagradas ao Senhor.*

(Ao final de cada dezena se diz:)

Bendita seja a adorável Trindade que escolheu São José para chefe da Sagrada Família, tesoureiro de seus bens e dispensador de suas graças.

Quinta dezena

(Pai-nosso e 10 vezes a seguinte jaculatória:)

℣. São José, amigo e modelo das almas interiores, protetor das virgens e defensor da inocência,

℟. *Rogai pela juventude e por todo o povo cristão.*

℣. Rogai por nós, ó bem-aventurado São José,

℟. *Para que sejamos dignos das promessas de Cristo.*

Oração final: Castíssimo José, esposo de Maria, alegro-me de ver-vos elevado a tão sublime dignidade e adornado de tão heroicas virtudes. Pelos tão doces beijos e estreitos abraços que destes ao divino Jesus, suplico-vos que me admitais no número dos vossos servos. Protegeis as virgens e alcançai a todos nós a graça de conservar a pureza de corpo e de alma. Amparai os pobres e os aflitos, pela pobreza e amargas angústias que sofrestes em companhia de Jesus e de Maria, em Belém, Egito e Nazaré; e fazei que, sofrendo com paciência nossos trabalhos, mereçamos o eterno descanso. Sede protetor dos pais e esposos, para que vivam em paz e eduquem seus filhos no temor de Deus. Dai aos sacerdotes as virtudes que correspondem ao seu estado, para tratarem dignamente o corpo de Jesus sacramentado. Aos que vivem em comunidade, inspirai-lhes amor à observância religiosa. Aos moribundos, assisti-os naquele desenlace supremo, pois tivestes a dita de morrer nos braços de Jesus e Maria. Estendei vossa mão protetora a toda a Igreja, pois fostes declarado, pelo Vigário de Cristo, *patrono da Igreja universal*. E visto que livrastes o Filho de Deus do furor de Herodes, livrai a Igreja, sua esposa, do furor dos ímpios e concedei-nos que se abreviem os dias maus e venham a serenidade e a paz. Amém.

Rosário de São José para alcançar a graça de uma boa morte (II)

Primeiro decenário

Eu vos suplico, castíssimo José, que vos digneis acompanhar-me agora e na ocasião de minha agonia, e com Jesus e Maria assistir-me naquele tremendo momento. Amém.

1º) Por vosso santo nascimento,

– *Lembrai-vos de mim, ó castíssimo José, na hora de minha morte!*

2º) Pelo voto de perpétua castidade que fizestes a Deus,

– *Lembrai-vos...*

3º) Pela santa vida que levastes durante todo o tempo de vossa juventude,

– *Lembrai-vos...*

4º) Pela escolha que o próprio Deus vos fez para esposo da Virgem Maria,

– *Lembrai-vos...*

5º) Pela abundância de virtudes e graças que recebestes do Altíssimo para vos tornar digno esposo da santíssima Virgem,

– *Lembrai-vos...*

6º) Por aquele venturoso dia de vosso desposório com a Virgem,

– *Lembrai-vos...*

7º) Pelo gozo com que acompanhastes a vossa esposa Maria, caminhando do templo de Jerusalém à casa de Nazaré,

– *Lembrai-vos...*

8º) Pelo gozo e grande consolo que vos dava ver aquela prudência, humildade, pureza e demais virtudes de vossa amada esposa,

– *Lembrai-vos...*

9º) Pelo sentimento que vos causou a ausência de vossa castíssima esposa durante o tempo em que permaneceu assistindo sua prima Isabel,

– *Lembrai-vos...*

10º) Pelo gozo e alegria que tivestes ao ver já em casa a vossa esposa Maria depois da visita a Santa Isabel,

– *Lembrai-vos...*

Oração: Salve, José, varão justo, convosco está o Senhor, e sois o mais feliz dos homens por ter alimentado, guiado e guardado a Virgem Maria e o fruto celestial de seu ventre, Jesus.

São José, esposo virginal da Mãe de Deus e chamado *pai de Jesus*, rogai por nós, pecadores, agora e na hora de nossa morte. Amém.

Segundo decenário

Eu vos suplico, castíssimo José, que vos digneis acompanhar-me agora e na ocasião de minha agonia, e com Jesus e Maria assistir-me naquele tremendo momento. Amém.

1º) Pelo gozo e alegria com que vos ocupais em vosso ofício de carpinteiro para sustentar a rainha do céu,

– *Lembrai-vos de mim, ó castíssimo José, na hora de minha morte.*

2º) Pela perturbação que vos causou ver grávida a vossa puríssima esposa,

– *Lembrai-vos...*

3º) Pelo gozo que tivestes quando o anjo vos revelou o mistério da encarnação,

– *Lembrai-vos...*

4º) Por aquela aflição e tristeza que tivestes pela ordem de César Augusto que os obrigou a empreender o caminho de Belém,

– *Lembrai-vos...*

5º) Por aquela prontidão com que empreendestes a viagem de Nazaré a Belém com vossa esposa Maria, para dar cumprimento ao edito do imperador,

– *Lembrai-vos...*

6º) Pelas penalidades e incômodos que padecestes nessa viagem, sendo despedido das pousadas, onde quiçá vos olhavam como gente vil e desprezível,

– *Lembrai-vos...*

7º) Pela dor e amargura que padecestes na cidade de Belém, quando, sendo já noite, e no rigor do inverno, tivestes de deixar eventualmente vossa amada esposa,

– *Lembrai-vos...*

8º) Pelo consolo que tivestes ao ver que estava desocupada e só a gruta ou o pórtico de Belém,

– *Lembrai-vos...*

9º) Pelo gozo e alegria que sentistes ao ver já nascido o Menino Deus nos braços da Mãe Virgem,

– *Lembrai-vos...*

10º) Pela dor que tivestes vendo o Menino Deus recém-nascido em tanta nudez e pobreza,

– *Lembrai-vos...*

Oração: Salve, José, varão justo, convosco está o Senhor, e sois o mais feliz dos homens por ter alimentado, guiado e guardado a Virgem Maria e o fruto celestial de seu ventre, Jesus.

São José, esposo virginal da Mãe de Deus e chamado *pai de Jesus*, rogai por nós, pecadores, agora e na hora de nossa morte. Amém.

Terceiro decenário

Eu vos suplico, castíssimo José, que vos digneis acompanhar-me agora e na ocasião de minha agonia, e com Jesus e Maria assistir-me naquele tremendo momento. Amém.

1º) Pelo gozo e alegria que recebestes ao ver que os pastores vieram ao pórtico de Belém para conhecer e adorar o Menino Deus,

– *Lembrai-vos de mim, ó castíssimo José, na hora de minha morte.*

2º) Pela dor que tivestes na circuncisão do Menino,

– *Lembrai-vos...*

3º) Pelo gozo e alegria que tivestes ao saber que o Menino devia se chamar Jesus, que significa Salvador,

– *Lembrai-vos...*

4º) Pelo gozo e alegria que sentistes ao ver entrar no pórtico os três santos reis para adorar o Menino Deus e oferecer-lhe dons,

– *Lembrai-vos...*

5º) Pelos mistérios que se realizaram no pórtico santo de Belém nos dias em que nele permanecestes,

– *Lembrai-vos...*

6º) Por aquela jornada que fizestes a Jerusalém com vossa esposa Maria e o divino Infante, para cumprir com a lei da purificação e apresentação do Menino Deus no templo,

– *Lembrai-vos...*

7º) Pelo grande gozo que tivestes quando, com vossa amada esposa apresentastes o Menino Deus no templo,

– *Lembrai-vos...*

8º) Pela dor que sentistes ao ouvir Simeão profetizar os trabalhos do Filho e a espada de dor que atravessaria o coração da Mãe,

– *Lembrai-vos...*

9º) Pelo gozo e alegria que tivestes ao ouvir de Simeão que aquele Menino seria o remédio, a salvação e a ressurreição de muitos,

– *Lembrai-vos...*

10º) Por aqueles dias em que estivestes em Jerusalém com vossa esposa Maria e o Menino Deus,

– *Lembrai-vos...*

Oração: Salve, José, varão justo, convosco está o Senhor, e sois o mais feliz dos homens por ter alimentado, guiado e guardado a Virgem Maria e o fruto celestial de seu ventre, Jesus.

São José, esposo virginal da Mãe de Deus e chamado *pai de Jesus*, rogai por nós, pecadores, agora e na hora de nossa morte. Amém.

Quarto decenário

Eu vos suplico, castíssimo José, que vos digneis acompanhar-me agora e na ocasião de minha agonia, e com Jesus e Maria assistir-me naquele tremendo momento. Amém.

1º) Por aquela aflição e anseio com que levantastes do sono quando o anjo vos disse para fugirdes com o Menino e sua Mãe ao Egito, porque Herodes buscaria o Menino para tirar-lhe a vida,

– *Lembrai-vos de mim, ó castíssimo José, na hora de minha morte.*

2º) Por aquela dor compassiva que atravessou vossa alma ao partir tão apressado com vossa santa família para o Egito, encobertos pelo silêncio e a escuridão da noite,

– *Lembrai-vos...*

3º) Pelo que padecestes quando entrastes com o Menino Deus e sua santíssima Mãe naqueles desertos arenosos e despovoados,

– *Lembrai-vos...*

4º) Pelo gozo e alegria que tivestes quando, ao entrarem o Menino Deus e sua santíssima Mãe no Egito, caíram os ídolos e os altares do paganismo,

– *Lembrai-vos...*

5º) Pela dor que padecestes ao saber da crueldade que Herodes usou matando as crianças inocentes de Belém e de toda a região,

– *Lembrai-vos...*

6º) Por aquela extrema pobreza que tivestes no Egito depois que estabelecestes na cidade de Heliópolis,

– *Lembrai-vos...*

7º) Pelo gozo e grande consolo que sentíeis quando tomavas em vossos braços o Menino Deus, para alívio de vossos trabalhos e cansaço,

– *Lembrai-vos...*

8º) Pelo gozo e alegria que tivestes ao ouvir as primeiras palavras que pronunciou o Menino Deus,

– *Lembrai-vos...*

9º) Pelo gozo e alegria que vos causava o Menino Deus ao vê-lo andar em pé sozinho,

– *Lembrai-vos...*

10º) Pelo grande gozo que vos causava olhar a rara formosura do Menino Jesus,

– *Lembrai-vos...*

Oração: Salve, José, varão justo, convosco está o Senhor, e sois o mais feliz dos homens por ter alimentado, guiado e guardado a Virgem Maria e o fruto celestial de seu ventre, Jesus.

São José, esposo virginal da Mãe de Deus e chamado *pai de Jesus*, rogai por nós, pecadores, agora e na hora de nossa morte. Amém.

Quinto decenário

Eu vos suplico, castíssimo José, que vos digneis acompanhar-me agora e na ocasião de minha agonia, e com Jesus e Maria assistir-me naquele tremendo momento. Amém.

1º) Pelo gozo e alegria que sentistes ao ordenar-vos o anjo que regressásseis com Jesus e Maria do Egito para a terra de Israel,

— Lembrai-vos de mim, ó castíssimo José, na hora de minha morte.

2º) Pelos trabalhos que padecestes nesse regresso tão penoso e prolongado, caminhando com o Menino Deus e sua santíssima Mãe por desertos e areeiros,

— Lembrai-vos...

3º) Pela dor que tivestes ao ouvir que na Judeia reinava Arquelau, Filho de Herodes, perseguidor de Jesus,

— Lembrai-vos...

4º) Pelo gozo e alegria que tivestes ao receber do céu a ordem de habitar em Nazaré com Jesus e Maria,

— Lembrai-vos...

5º) Pelo gozo e grande consolo que tivestes vendo Jesus e Maria já em vossa casa de Nazaré,

— Lembrai-vos...

6º) Por aquelas peregrinações que, para cumprir a Lei de Moisés, fazias de Nazaré a Jerusalém com Jesus e Maria,

— Lembrai-vos...

7º) Pela dor e aflição que tivestes quando em uma destas jornadas perdestes por três dias o Menino Jesus,

— Lembrai-vos...

8º) Pelo gozo e alegria que tivestes quando achastes o Menino Deus no templo ensinando aos doutores, e retornado convosco a Nazaré, vos estava obediente e submisso, como se fosse verdadeiro Filho vosso,

– *Lembrai-vos...*

9º) Pelas enfermidades e dores que padecestes nos últimos anos de vossa santa vida,

– *Lembrai-vos...*

10º) Pela preciosa e felicíssima morte que tivestes consolado e entretido com a presença de Jesus e Maria,

– *Lembrai-vos...*

Oração: Salve, José, varão justo, convosco está o Senhor, e sois o mais feliz dos homens por ter alimentado, guiado e guardado a Virgem Maria e o fruto celestial de seu ventre, Jesus.

São José, esposo virginal da Mãe de Deus e chamado *pai de Jesus*, rogai por nós, pecadores, agora e na hora de nossa morte. Amém.

Oração final: Dulcíssimo pai e defensor meu, São José, bem sei que não sou digno de que minhas preces e petições sejam ouvidas e remetidas favoravelmente por vossa puríssima esposa e vosso preciosíssimo Filho. Por isso, confiante em vossos poderosíssimos merecimentos, e na grande predileção que gozais no céu por vossa altíssima dignidade, a partir deste instante, para toda a minha vida e para a hora de minha morte, escolho-vos por meu especialíssimo defensor. Em vossas mãos deposito, e por elas ofereço a Jesus e Maria, minha vida e minha morte, meu corpo e minha alma, meus pensamentos, minhas palavras, minhas obras e todas as minhas necessidades espirituais e temporais. Amém.

Rosário de São José (III)

(Este rosário se divide em 3 partes de 3 dezenas cada, para honrar os cerca de 30 anos que José viveu com Maria e Jesus. Pode ser rezado uma única parte por vez.)

Oferecimento: Senhor, eu vos ofereço o rosário que vou recitar para homenagear a vossa divina majestade, para honrar nosso glorioso pai São José, para agradecer-vos por todos os favores que lhe concedeu e obter a graça de imitar as virtudes que ele nos deu de exemplo. Concedei-me, vos peço, a atenção, o recolhimento e o fervor necessários para bem realizar esta prática, e meditar com fruto os vossos mistérios. E vós, grande santo, que sois o modelo perfeito das almas interiores e fervorosas, dignai-vos aceitar meus pequenos louvores; ensinai-me a rezar e a afastar as distrações, a negligência e o descuido.

(Reza-se o Creio, e em seguida:)

Santíssima e augustíssima Trindade, eu vos adoro como a origem de todas as grandezas de São José, eu vos agradeço por todas as graças que lhe concedestes nesta terra, e pela glória que lhe destes no céu. Pai eterno, vós fizestes de José o depositário de vossa autoridade sobre o vosso Filho; Verbo divino, vós quisestes lhe estar submisso; Espírito Santo, vós derramastes nele a abundância de vossos preciosos dons. Dai-me a graça de sempre imitar as suas virtudes e de partilhar sua bem-aventurança na eternidade.

(Pai-nosso, 3 x a Saudação a São José:)

Saudação: Ave, José, cheio de graça, Jesus e Maria estão convosco, bendito sois vós entre os homens, e bendito é o fruto de vossa casta esposa, Jesus. São José, pai nutrício de Jesus e esposo da bem-aventurada Virgem Maria, rogai por nós pecadores, agora e na hora de nossa morte. Amém.

1º mistério: A encarnação

Enunciação: Recitando esta primeira dezena, considerai os incompreensíveis aniquilamentos do Filho de Deus em sua encarnação, a glória de Maria e José neste mistério, os baixos sentimentos que eles têm de si mesmos em meio a tanta grandeza.

(Pai-nosso, 10 x a Saudação a São José, Glória.)

Saudação: Ave, José, cheio de graça, Jesus e Maria estão convosco, bendito sois vós entre os homens, e bendito é o fruto de vossa casta esposa, Jesus. São José, pai nutrício de Jesus e esposo da bem-aventurada Virgem Maria, rogai por nós pecadores, agora e na hora de nossa morte. Amém.

2º mistério: A dúvida de São José

Enunciação: Admirai a prudência, a doçura e a caridade de São José com a santa Virgem, decidindo abandoná-la, mas em segredo, e tomai a decisão de praticar as mesmas virtudes em relação ao próximo.

(Pai-nosso, 10 x a Saudação a São José, Glória.)

Saudação: Ave, José, cheio de graça, Jesus e Maria estão convosco, bendito sois vós entre os homens, e bendito é o fruto de vossa casta esposa, Jesus. São José, pai nutrício de Jesus e esposo da bem-aventurada Virgem Maria, rogai por nós pecadores, agora e na hora de nossa morte. Amém.

3º mistério: O nascimento do Menino Jesus

Enunciação: Entrai em espírito no estábulo de Belém, contemplai com Maria e José o Filho de Deus nascido na pobreza, os sofrimentos e a humilhação, para que aprendais a combater o amor das riquezas, dos prazeres e das honras do mundo.

(Pai-nosso, 10 x a Saudação a São José, Glória.)

Saudação: Ave, José, cheio de graça, Jesus e Maria estão convosco, bendito sois vós entre os homens, e bendito é o fruto de vossa casta esposa, Jesus. São José, pai nutrício de Jesus e esposo da bem-aventurada Virgem Maria, rogai por nós pecadores, agora e na hora de nossa morte. Amém.

4º mistério: Apresentação de nosso Senhor no Templo

Enunciação: Admirai o comportamento de Maria e José indo ao Templo para obedecer a uma lei à qual não estavam obrigados. Uni-vos à oferenda que eles fazem do Menino Jesus ao Pai eterno.

(Pai-nosso, 10 x a Saudação a São José, Glória.)

Saudação: Ave, José, cheio de graça, Jesus e Maria estão convosco, bendito sois vós entre os homens, e bendito é o fruto de vossa casta esposa, Jesus. São José, pai nutrício de Jesus e esposo da bem-aventurada Virgem Maria, rogai por nós pecadores, agora e na hora de nossa morte. Amém.

5º mistério: A fuga para o Egito

Enunciação: Acompanhai em espírito a Santa Família na longa e penosa viagem que ela realizou para cumprir as ordens do Céu. Que calma, que resignação, que admirável paciência no meio de tantos cansaços e de tantos perigos! Que exemplo para vós, que sucumbis tão facilmente nas menores provações!

(Pai-nosso, 10 x a Saudação a São José, Glória.)

Saudação: Ave, José, cheio de graça, Jesus e Maria estão convosco, bendito sois vós entre os homens, e bendito é o fruto de vossa casta esposa, Jesus. São José, pai nutrício de Jesus e esposo da bem-aventurada Virgem Maria, rogai por nós pecadores, agora e na hora de nossa morte. Amém.

6º mistério: Jesus encontrado no templo

Enunciação: Pensai no profundo sofrimento que tiveram de provar Maria e José enquanto procuravam o Menino Jesus, o único objeto de seu amor; e participai da doce satisfação cujo seu coração foi inundado, no momento em que eles tiveram a felicidade de o reencontrar.

(Pai-nosso, 10 x a Saudação a São José, Glória.)

Saudação: Ave, José, cheio de graça, Jesus e Maria estão convosco, bendito sois vós entre os homens, e bendito é o fruto de vossa casta esposa, Jesus. São José, pai nutrício de Jesus e esposo da bem-aventurada Virgem Maria, rogai por nós pecadores, agora e na hora de nossa morte. Amém.

7º mistério: A vida oculta de Jesus

Enunciação: Meditai na felicidade de Maria e José de terem vivido e conversado tantas vezes com o Filho de Deus. Quais devem ter sido seus sentimentos quando viram aquele que comanda todas as coisas obedecer ao menor sinal de sua vontade! Que tesouro de graças eles devem ter retirado de seus vários colóquios!

(Pai-nosso, 10 x a Saudação a São José, Glória.)

Saudação: Ave, José, cheio de graça, Jesus e Maria estão convosco, bendito sois vós entre os homens, e bendito é o fruto de vossa casta esposa, Jesus. São José, pai nutrício de Jesus e esposo da bem-aventurada Virgem Maria, rogai por nós pecadores, agora e na hora de nossa morte. Amém.

8º mistério: A morte de São José

Enunciação: Considerai todas as circunstâncias da morte desse admirável santo e pedi-lhe com uma terna confiança para vos assistir nos últimos momentos e vos obter a graça de uma boa morte.

(Pai-nosso, 10 x a Saudação a São José, Glória.)

Saudação: Ave, José, cheio de graça, Jesus e Maria estão convosco, bendito sois vós entre os homens, e bendito é o fruto de vossa casta esposa, Jesus. São José, pai nutrício de Jesus e esposo da bem-aventurada Virgem Maria, rogai por nós pecadores, agora e na hora de nossa morte. Amém.

9º mistério: A glória de São José no céu

Enunciação: Recitando esta última dezena, contemplai a glória e o poder de São José no céu. Uni-vos a todos os santos e santas que, apenas ao nome de José, inclinam respeitosamente suas frontes para demonstrar sua reverência para com ele e implorar com fervor o auxílio desse santo protetor.

(Pai-nosso, 10 x a Saudação a São José, Glória.)

Saudação: Ave, José, cheio de graça, Jesus e Maria estão convosco, bendito sois vós entre os homens, e bendito é o fruto de vossa casta esposa, Jesus. São José, pai nutrício de Jesus e esposo da bem-aventurada Virgem Maria, rogai por nós pecadores, agora e na hora de nossa morte. Amém.

Oração final: Ó Jesus, eu vos bendigo com os anjos e os santos pela glória com que cumulastes São José, e vos agradeço de todo o meu coração por nos tê-lo dado como patrono e modelo. Grande santo, não me recuseis a vossa poderosa intercessão depois de Jesus, vosso Filho, e de Maria, vossa excelsa esposa. Eu me consagro a vosso serviço, eu quero vos honrar com uma devoção consistente, trabalhando para imitar as vossas virtudes e empregar todo o meu zelo para vos tornar conhecido e honrado no mundo inteiro. Amém.

Rosário bíblico de São José (IV)

(Este rosário se divide em 3 partes de 5 dezenas cada, acompanhadas dos mistérios. Pode ser rezado uma única parte por vez, como no terço.)

Oferecimento: Senhor, eu vos ofereço o rosário que vou recitar para homenagear a vossa divina majestade, para honrar nosso glorioso pai São José, para agradecer-vos por todos os favores que lhe concedeu e obter a graça de imitar as virtudes que ele nos deu de exemplo. Concedei-me, vos peço, a atenção, o recolhimento e o fervor necessários para bem realizar esta prática, e meditar com fruto os vossos mistérios. E vós, grande santo, que sois o modelo perfeito das almas interiores e fervorosas, dignai-vos aceitar meus pequenos louvores; ensinai-me a rezar e a afastar as distrações, a negligência e o descuido. Amém.

(Creio, Pai-nosso, 3 x a Saudação a São José, Glória.)

Saudação: Ave, José, cheio de graça, Jesus e Maria estão convosco, bendito sois vós entre os homens, e bendito é o fruto de vossa casta esposa, Jesus. São José, pai nutrício de Jesus e esposo da bem-aventurada Virgem Maria, rogai por nós pecadores, agora e na hora de nossa morte. Amém.

Mistérios do início

1º mistério

Enunciação: São José descende da realeza de Davi, da qual nasceria o Cristo.

Mt 1,6-7.15-16: O Rei Davi gerou Salomão, daquela que fora mulher de Urias. Salomão gerou Roboão. Roboão gerou Abias... Matã gerou Jacó. Jacó gerou José, esposo de Maria, da qual nasceu Jesus, que é chamado Cristo.

(Pai-nosso, 10 x a Saudação a São José, Glória.)

Saudação: Ave, José, cheio de graça, Jesus e Maria estão convosco, bendito sois vós entre os homens, e bendito é o fruto de vossa casta esposa, Jesus. São José, pai nutrício de Jesus e esposo da bem-aventurada Virgem Maria, rogai por nós pecadores, agora e na hora de nossa morte. Amém.

2º mistério

Enunciação: Com Maria grávida, José decide abandoná-la secretamente.

Mt 1,18-19: Eis como nasceu Jesus Cristo: Maria, sua mãe, estava desposada com José. Antes de coabitarem, aconteceu que ela concebeu por virtude do Espírito Santo. José, seu esposo, que era homem de bem, não querendo difamá-la, resolveu rejeitá-la secretamente.

(Pai-nosso, 10 x a Saudação a São José, Glória.)

Saudação: Ave, José, cheio de graça, Jesus e Maria estão convosco, bendito sois vós entre os homens, e bendito é o fruto de vossa casta esposa, Jesus. São José, pai nutrício de Jesus e esposo da bem-aventurada Virgem Maria, rogai por nós pecadores, agora e na hora de nossa morte. Amém.

3º mistério

Enunciação: O santo anjo conforta o coração de São José.

Mt 1,20-21.24: Enquanto assim pensava, eis que um anjo do Senhor lhe apareceu em sonhos e lhe disse: José, filho de Davi, não temas receber Maria por esposa, pois o que nela foi concebido vem do Espírito Santo. Ela dará à luz um filho, a quem porás o nome de Jesus, porque Ele salvará o seu povo de seus pecados... Despertando, José fez como o anjo do Senhor lhe havia mandado e recebeu em sua casa sua esposa.

(Pai-nosso, 10 x a Saudação a São José, Glória.)

Saudação: Ave, José, cheio de graça, Jesus e Maria estão convosco, bendito sois vós entre os homens, e bendito é o fruto de vossa casta esposa, Jesus. São José, pai nutrício de Jesus e esposo da bem-aventurada Virgem Maria, rogai por nós pecadores, agora e na hora de nossa morte. Amém.

4º mistério

Enunciação: São José sofre por Jesus nascer na pobreza do presépio.

Lc 2,4-7: Também José subiu da Galileia, da cidade de Nazaré, à Judeia, à cidade de Davi, chamada Belém, por-que era da casa e família de Davi, para se alistar com a sua esposa Maria, que estava grávida. Estando eles ali, completaram-se os dias dela. E deu à luz seu filho primogênito, e, envolvendo-o em faixas, reclinou-o num presépio, porque não havia lugar para eles na hospedaria.

(Pai-nosso, 10 x a Saudação a São José, Glória.)

Saudação: Ave, José, cheio de graça, Jesus e Maria estão convosco, bendito sois vós entre os homens, e bendito é o fruto de vossa casta esposa, Jesus. São José, pai nutrício de Jesus e esposo da bem-aventurada Virgem Maria, rogai por nós pecadores, agora e na hora de nossa morte. Amém.

5º mistério

Enunciação: Maria e José recebem a boa-nova dos pastores.

Lc 2,15-18: Disseram os pastores uns aos outros: Vamos até Belém e vejamos o que se realizou e o que o Senhor nos manifestou. Foram com grande pressa e acharam Maria e José, e o menino deitado na manjedoura. Vendo-o, contaram o que lhes fora dito a respeito deste menino. Todos os que os ouviam admiravam-se das coisas que lhes contavam os pastores.

(Pai-nosso, 10 x a Saudação a São José, Glória.)

Saudação: Ave, José, cheio de graça, Jesus e Maria estão convosco, bendito sois vós entre os homens, e bendito é o fruto de vossa casta esposa, Jesus. São José, pai nutrício de Jesus e esposo da bem-aventurada Virgem Maria, rogai por nós pecadores, agora e na hora de nossa morte. Amém.

Mistérios da lei

6º mistério

Enunciação: O anjo anuncia a José a imposição do nome: Jesus, que significa *Salvador*.

Mt 1,21-23: O anjo disse a José: Ela dará à luz um filho, a quem porás o nome de Jesus, porque Ele salvará o seu povo de seus pecados. Tudo isso aconteceu para que se cumprisse o que o Senhor falou pelo profeta: Eis que a Virgem conceberá e dará à luz um filho que se chamará Emanuel e que significa Deus conosco.

(Pai-nosso, 10 x a Saudação a São José, Glória.)

Saudação: Ave, José, cheio de graça, Jesus e Maria estão convosco, bendito sois vós entre os homens, e bendito é o fruto de vossa casta esposa, Jesus. São José, pai nutrício de Jesus e esposo da bem-aventurada Virgem Maria, rogai por nós pecadores, agora e na hora de nossa morte. Amém.

7º mistério

Enunciação: São José sofre pelo sangue do filho derramado na circuncisão.

Lc 2,21: Completados os oito dias para ser circuncidado o menino, foi-lhe posto o nome de Jesus, como lhe tinha chamado o anjo, antes de ser concebido no seio materno.

(Pai-nosso, 10 x a Saudação a São José, Glória.)

Saudação: Ave, José, cheio de graça, Jesus e Maria estão convosco, bendito sois vós entre os homens, e bendito é o fruto de vossa casta esposa, Jesus. São José, pai nutrício de

Jesus e esposo da bem-aventurada Virgem Maria, rogai por nós pecadores, agora e na hora de nossa morte. Amém.

8º mistério

Enunciação: José e Maria cumprem a lei de apresentação no templo.

Lc 2,22-24: Concluídos os dias da sua purificação segundo a lei de Moisés, levaram-no a Jerusalém para apresentá-lo ao Senhor, conforme o que está escrito na lei do Senhor: Todo primogênito do sexo masculino será consagrado ao Senhor; e também para oferecerem o sacrifício prescrito pela lei do Senhor, um par de rolas ou dois pombinhos.

(Pai-nosso, 10 x a Saudação a São José, Glória.)

Saudação: Ave, José, cheio de graça, Jesus e Maria estão convosco, bendito sois vós entre os homens, e bendito é o fruto de vossa casta esposa, Jesus. São José, pai nutrício de Jesus e esposo da bem-aventurada Virgem Maria, rogai por nós pecadores, agora e na hora de nossa morte. Amém.

9º mistério

Enunciação: José e Maria levam o Menino Jesus ao templo e ouvem o anúncio da salvação de Deus.

Lc 2,29-33: Disse Simeão: Agora, Senhor, deixai o vosso servo ir em paz, segundo a vossa palavra. Porque os meus olhos viram a vossa salvação que preparastes diante de todos os povos, como luz para iluminar as nações, e para a glória de vosso povo de Israel. Seu pai e sua mãe estavam admirados das coisas que dele se diziam.

(Pai-nosso, 10 x a Saudação a São José, Glória.)

Saudação: Ave, José, cheio de graça, Jesus e Maria estão convosco, bendito sois vós entre os homens, e bendito é o fruto de vossa casta esposa, Jesus. São José, pai nutrício de Jesus e esposo da bem-aventurada Virgem Maria, rogai por nós pecadores, agora e na hora de nossa morte. Amém.

10º mistério

Enunciação: São José escuta a profecia de Simeão.

Lc 2,34-35: Simeão abençoou-os e disse a Maria, sua mãe: Eis que este menino está destinado a ser causa de queda e de soerguimento para muitos homens em Israel, e a ser um sinal que provocará contradições, a fim de serem revelados os pensamentos de muitos corações. E uma espada transpassará a tua alma.

(Pai-nosso, 10 x a Saudação a São José, Glória.)

Saudação: Ave, José, cheio de graça, Jesus e Maria estão convosco, bendito sois vós entre os homens, e bendito é o fruto de vossa casta esposa, Jesus. São José, pai nutrício de Jesus e esposo da bem-aventurada Virgem Maria, rogai por nós pecadores, agora e na hora de nossa morte. Amém.

Mistérios das provações

11º mistério

Enunciação: José é avisado pelo santo anjo para fugir com sua família ao Egito.

Mt 2,13-14: Um anjo do Senhor apareceu em sonhos a José e disse: Levanta-te, toma o menino e sua mãe e foge para o Egito; fica lá até que eu te avise, porque Herodes vai procurar o menino para o matar. José levantou-se durante a noite, tomou o menino e sua mãe e partiu para o Egito.

(Pai-nosso, 10 x a Saudação a São José, Glória.)

Saudação: Ave, José, cheio de graça, Jesus e Maria estão convosco, bendito sois vós entre os homens, e bendito é o fruto de vossa casta esposa, Jesus. São José, pai nutrício de Jesus e esposo da bem-aventurada Virgem Maria, rogai por nós pecadores, agora e na hora de nossa morte. Amém.

12º mistério

Enunciação: José decide retornar após a morte de Herodes.

Mt 2,15: José ali permaneceu até a morte de Herodes, para que se cumprisse o que o Senhor dissera pelo profeta: Eu chamei do Egito meu filho.

(Pai-nosso, 10 x a Saudação a São José, Glória.)

Saudação: Ave, José, cheio de graça, Jesus e Maria estão convosco, bendito sois vós entre os homens, e bendito é o fruto de vossa casta esposa, Jesus. São José, pai nutrício de Jesus e esposo da bem-aventurada Virgem Maria, rogai por nós pecadores, agora e na hora de nossa morte. Amém.

13º mistério

Enunciação: José é avisado pelo santo anjo para que retorne porque não há mais perigo.

Mt 2,19-21: Com a morte de Herodes, o anjo do Senhor apareceu em sonhos a José, no Egito, e disse: Levanta-te, toma o menino e sua mãe e retorna à terra de Israel, porque morreram os que atentavam contra a vida do menino. José levantou-se, tomou o menino e sua mãe e foi para a terra de Israel.

(Pai-nosso, 10 x a Saudação a São José, Glória.)

Saudação: Ave, José, cheio de graça, Jesus e Maria estão convosco, bendito sois vós entre os homens, e bendito é o fruto de vossa casta esposa, Jesus. São José, pai nutrício de Jesus e esposo da bem-aventurada Virgem Maria, rogai por nós pecadores, agora e na hora de nossa morte. Amém.

14º mistério

Enunciação: São José perde o Menino Jesus.

Lc 2,42-45: Tendo Ele atingido doze anos, subiram a Jerusalém, segundo o costume da festa. Acabados os dias da festa, quando voltavam, ficou o Menino Jesus em Jerusalém, sem que os seus pais o percebessem. Pensando que estivesse com os seus companheiros de comitiva, eles o procuraram entre os parentes e conhecidos. Mas não o encontrando, voltaram a Jerusalém à procura dele.

(Pai-nosso, 10 x a Saudação a São José, Glória.)

Saudação: Ave, José, cheio de graça, Jesus e Maria estão convosco, bendito sois vós entre os homens, e bendito é o fruto de vossa casta esposa, Jesus. São José, pai nutrício de Jesus e esposo da bem-aventurada Virgem Maria, rogai por nós pecadores, agora e na hora de nossa morte. Amém.

15º mistério

Enunciação: Reencontro do Menino Jesus.

Lc 2,46-49: Três dias depois o acharam no templo, sentado no meio dos doutores, ouvindo-os e interrogando-os. Todos os que o ouviam estavam maravilhados com a sabedoria de suas respostas. Quando eles o viram, ficaram admirados. E sua mãe disse-lhe: Meu filho, que nos fizeste?! Eis que teu pai e eu andávamos à tua procura, cheios de aflição. Respondeu-lhes ele: Por que me procuráveis? Não sabíeis que devo ocupar-me das coisas de meu Pai?

(Pai-nosso, 10 x a Saudação a São José, Glória.)

Saudação: Ave, José, cheio de graça, Jesus e Maria estão convosco, bendito sois vós entre os homens, e bendito é o fruto de vossa casta esposa, Jesus. São José, pai nutrício de Jesus e esposo da bem-aventurada Virgem Maria, rogai por nós pecadores, agora e na hora de nossa morte. Amém.

Oração final: Que celestial regozijo teve teu coração, ó bem-aventurado José, quando ouviste os cânticos que entoavam os santos anjos, celebrando o nascimento de teu bendito Filho! Eu também quero unir-me aos coros angélicos para repetir com amor: Glória ao Pai que nos deu o seu único Filho, glória ao Filho que veio para salvar-nos, glória ao Espírito Santo que nos cumula de graças; glória a Maria, Mãe de nosso Redentor; glória também a ti, ó José, que o salvastes do furor de Herodes e o alimentaste com o fruto de teus suores. Amém.

Hino de consagração para se ter uma boa morte (I)

José, quando a agonia
da morte me chegar:
Teu patrocínio me ampare,
e o de Jesus e Maria.

José, quando padecer
de minha enfermidade mortal,
e com dores o mal
me angustiar e me afligir,
e sofrê-lo não puder
com paciência e alegria:
Teu patrocínio me ampare,
e o de Jesus e Maria.

José, quando a ocasião
me chegar de morrer,
para poder eu dizer
minhas culpas em confissão
com eficaz contrição,
e chorá-las noite e dia:
Teu patrocínio me ampare,
e o de Jesus e Maria.

José, quando desta vida
se haja minha alma de ausentar,
para poder comungar
com a pureza devida,
e a Jesus em minha partida
levar por viático e guia:
Teu patrocínio me ampare,
e o de Jesus e Maria.

José, quando o sacramento
da unção dos enfermos receber,
para que, com fé mui viva
logre sua graça e alento,
e troque naquele momento
o temor por alegria:
Teu patrocínio me ampare,
e o de Jesus e Maria.

José, quando a sentença
da morte me intimar,
para que em golpe tão forte
diga a Deus com paciência,
faça-se por obediência
tua vontade, não a minha:

Teu patrocínio me ampare,
e o de Jesus e Maria.

José, quando eu agonizar,
e meu espírito turbado,
afligido e angustiado
quem o console não encontrar,
e a ti com fé te invocar,
porque em tua bondade confio:
Teu patrocínio me ampare,
e o de Jesus e Maria.

José, quando esteja já vendo
o instante de minha morte
para que nele feliz sorte
consiga, e morra dizendo:
em tuas mãos encomendo,
ó Jesus, a alma minha:
Teu patrocínio me ampare,
e o de Jesus e Maria.

José, quando me alcançar
de ser julgado o momento,
e de pecados sem conta
o demônio me acusar,

para que em Jesus achar
misericórdia aquele dia:
Teu patrocínio me ampare,
e o de Jesus e Maria.

José, quando com anelo
teu santo nome invocar,
quando no ponto me encontrar
de abandonar este chão,
para gozar no céu
de Deus e de tua companhia:
Teu patrocínio me ampare,
e o de Jesus e Maria.

José, quando a agonia
da morte me chegar:
Teu patrocínio me ampare,
e o de Jesus e Maria.

℣. Rogai por nós bem-aventurado São José,
℟. *Para que sejamos dignos das promessas de Cristo.*

Oração: Poderosíssimo protetor e meu amantíssimo
pai São José, esposo de Maria Santíssima, Mãe de Deus
e Senhora nossa, custódio e adotivo pai de Jesus, usai de

misericórdia para comigo na tremenda hora e agonia de minha morte. E quando me faltar o espírito vital e minha língua não vos puder invocar; quando faltar a luz a meus olhos, e perdido o sentido da audição não puder receber favor humano: lembrai-vos, meu pai, das súplicas que agora apresento aos ouvidos de vossa compassiva piedade e terníssima misericórdia, e amparai-me naquele último dia e momento de minha extrema necessidade, para que sob a influência de vosso patrocínio, morra no ósculo do Senhor, e livre de meus inimigos seja colocado entre os amigos de Deus, a quem em vossa companhia espero louvar pela eternidade na glória. Amém.

Hino a São José (II)

Ó santíssimo José, singular ornamento do céu, amparo do mundo! Recebe benigno os louvores que alegres te tributamos neste dia.

O criador de céus e terra te designou para esposo da castíssima Virgem, e quis que fosses chamado pai do Verbo divino e ministro de nossa salvação.

Tu contemplaste cheio de gozo o nosso Deus redentor anunciado por todos os profetas, e humildemente o adoraste, vendo-o entre animais reclinado em um presépio.

Ó José santíssimo! A ti se sujeitou o Deus que é Rei de reis e absoluto Senhor do universo; a ti se sujeitou aquele sob cujo império amedronta-se a turba infernal, e a ti obedeceu o que impera sobre todos os elementos.

Eternos louvores sejam dados à Santíssima Trindade que te elevou, ó José, a tão sublime glória; e por teus méritos faz com que obtenhamos as alegrias da eterna bem-aventurança. Amém.

Septenário de visitas a Jesus sacramentado

(Oração inicial para todos os dias.)

Ato de contrição: Patriarca santíssimo, meu patrono e defensor São José, sei que, com minhas detestáveis culpas muito ofendi a Jesus, meu Deus e meu Senhor; confesso que tenho sido muito ingrato a seus benefícios, que não tenho correspondido a seus chamados e que por minha rebeldia e dureza sou merecedor de pena eterna. Mas não ignoro ser tanta a eficácia de vosso patrocínio, que podeis me alcançar de vosso tão misericordioso Filho a graça de seu perdão e de minha salvação eterna. As misericórdias de Deus são sem medida, e sua majestade não despreza ao que vós lhe apresenteis com um coração verdadeiramente contrito. Portanto, meu pai gloriosíssimo, sob vosso patrocínio me refugio; recebei este meu coração ingrato, que, com sincera dor protesta que quer morrer mil vezes antes que voltar a pecar. Amém.

(Oração final para todos os dias.)

Visita a São José: Glorioso patriarca, a vós que sois o esposo castíssimo de Maria, o pai virginal de Jesus, o servo bom e fiel a quem o Onipotente confiou o cuidado de sua família, a vós rogo para que me acolhais sob vossa proteção e amparo. Não desprezeis as minhas súplicas. Sede o meu guia, meu espelho e modelo de perfeição na escola da santidade. Fazei que eu realize todas as minhas ações em união com os corações de Jesus e Maria, para a maior glória de Deus: dai-me um coração puro e amor prático da vida interior; enfim, todas as graças que sabeis que mais necessito. Depois de Jesus e Maria, vós sois o meu refúgio mais seguro e minha firme esperança. Jamais me abandoneis, meu poderoso defensor; antes, como penhor deste constante patrocínio, dai-me vossa amorosa bênção. Amém.

Domingo

Eu vos adoro, Divina Hóstia, e reconheço em vós o Verbo Eterno que se encarnou no seio virginal de Maria. Ah! Quem me dera, meu Jesus, a viva fé, o profundo respeito e a humildade com que vos adorava São José naquela arca imaculada da nova aliança, para assim vos prestar as minhas homenagens neste tabernáculo, onde vos encontrais esquecido dos homens! Uno minhas pobres adorações às dos anjos e em especial àquelas que Maria e José vos prestavam. Dignai-vos, bom Jesus, receber esta homenagem de gratidão e abençoai vosso humilde servo. Amém.

Segunda-feira

Ó Deus escondido! Eu vos contemplo neste humilde tabernáculo dos homens como no presépio. Prostrado a vossos pés, com vossa divina Mãe e seu santo esposo, eu vos adoro e repito agradecido o cântico dos anjos: "Glória a Deus nas alturas e paz na terra aos homens de boa vontade"! Sim! Glória àquele Deus que se dignou permanecer conosco e paz aos homens que encontram em Jesus sacramentado todos os seus deleites! Recebei, Senhor, o sincero desejo que tenho de reparar com meu amor a fria indiferença dos mortais que vos esquecem em nossos tabernáculos como vos desconheciam em Belém. Oxalá me fosse dado fazer-vos companhia dia e noite, e a vossos pés exalar meu último suspiro. Amém.

Terça-feira

Ó vítima santa, que quisestes nos dar uma prova de vosso amor derramando as primícias de vosso sangue na circuncisão, sangue divino, preço de nosso resgate, que todos os dias se oferece por nós sobre o altar! Oh, que dor tão intensa sentiram vossa divina Mãe e José vosso pai adotivo neste doloroso cerimonial! Com quanto respeito e amor adoraram esse sangue sagrado que ofereciam em sacrifício ao Eterno Pai! Permiti-me que também eu, a seu exemplo, apresente ao Senhor essa hóstia imaculada para aplacar sua justiça irritada por nossos pecados e atrair sobre nós a sua divina misericórdia. Amém.

Quarta-feira

Hóstia imaculada, divino Jesus! É nesse altar que vos ofereceis a vosso Pai, assim como fostes apresentado no templo por Maria e José quando eras um terno Menino. Agora, como então, vosso sublime sacrifício é ignorado pelos mundanos, aqueles que sequer pensam em agradecer-vos por tanto amor. Ah! Se eu pudesse tomar posse dos ternos afetos do venerável Simeão, quando vos estreitando nos braços exclamou: "Deixai agora, Senhor, vosso servo ir em paz...", manifestando assim que não havia mais nada para ele desejar neste mundo depois de ter visto seu Salvador; e eu, tendo-vos neste sacramento, o que posso desejar senão descansar em paz aos vossos pés e aí ser consumido pelo mesmo fogo que vos abrasa? Quão feliz seria eu se, abrasado em vosso amor, pudesse unir o sacrifício de todo o meu ser ao vosso com a perfeição, com que o fizeram vossa Mãe santíssima e São José!

Sim! Como eles, eu vos ofereço o meu coração; aceitai-o, meu Jesus, para que, escondido no vosso, jamais se separe de vós. Amém.

Quinta-feira

Divino Jesus, que nesse altar estais solitário por meu amor! Oh!, também agora vossos inimigos, como na vossa infância, vos perseguem para matar-vos! Mas então tinhas ao vosso lado um terno pai, um custódio vigilante que vos livrou da tirania de Herodes; agora vos encontrais neste santuário exposto ao furor dos homens ímpios e ingratos que vos ultrajam. Quem me dera a solicitude de vosso pai adotivo para livrá-lo destas injúrias! Ó meu doce Senhor! Quero, como São José, ocultar-vos, não no Egito, mas em meu coração; porém, quiçá este coração seja mais árido e estéril do que os desertos de vosso desterro. Vinde, entretanto, e com as vossas lágrimas e sangue fertilizai esta terra ingrata para que produza as flores das virtudes que vos agradam. Maria, minha doce Mãe! Emprestai-me vosso coração imaculado para que sirva de tabernáculo a meu Jesus; ali estará abrigado da fúria dos seus perseguidores. Eu quero permanecer junto a Jesus convosco e com vosso santo esposo para apresentar-lhe a humilde homenagem de minhas adorações. Amém.

Sexta-feira

Ó amantíssimo Cordeiro presente neste sacramento! Assim como em vossa vida mortal, vos deixais conduzir por vossos ministros sem a menor resistência. Com quanta alegria vos traziam Maria e José do Egito à Judeia! Mas o temor de vos expor a novas perseguições perturbou os seus corações amantes, e José, inspirado por Deus, vos levou a Nazaré. Fazei com que eu saiba fugir com todo cuidado das ocasiões de vos ofender, e que eu venha diante de vosso tabernáculo para aprender as lições de vida que vosso adorável coração ensina, como o faziam vossos tão felizes pais na pacífica casa de Nazaré. Ó feliz José, tendo em vossa casa o tesouro do céu, vossos desejos estavam satisfeitos. Que alegria tão pura inundava vossa alma ao escutar as palavras da Sabedoria eterna e da Virgem imaculada! Com quanta fidelidade seguia seus ensinamentos e exemplos! E vosso coração ardente, cada dia mais no amor divino, não vivia senão para Jesus e Maria, consagrando-lhes, sem reserva, todo o vosso ser. Alcançai-me, amado santo, que também eu viva somente para os sagrados corações, e que, dócil aos divinos ensinamentos, encontre minhas delícias aos pés de Jesus sacramentado. Amém.

Sábado

Aqui me tendes, Senhor, cansado sob o peso enorme de minhas misérias. Ah! Longe de Vós, tudo é amargura e morte. Nada há no mundo que possa saciar o meu coração. Que imenso mar de amargura inundou o coração de vossa terna Mãe e de seu santo esposo quando vos perderam por três dias! Somente vós, Senhor, pudestes medir esse oceano de dor. Bendita Mãe, vós e vosso casto esposo perdestes o vosso Filho sem culpa, e ainda assim, vossa angústia foi incalculável! Por vossa amargura, alcançai-me a graça de nunca perder o meu doce Senhor pelo pecado, que a vosso exemplo eu o busque sem demora através do arrependimento. Sim, meu divino Salvador, quando minhas infidelidades vos tiverem afastado de mim, virei apressadamente à vossa santa casa, seguro de vos encontrar cheio de clemência neste tabernáculo, trono de vossa misericórdia, do qual, junto com o perdão, me dareis a graça de jamais separar-me de vós. Amém.

Coroa do senhor São José (I)

Ato de contrição: Patriarca santíssimo, meu patrono e defensor São José, sei que, com minhas detestáveis culpas, muito ofendi a Jesus, meu Deus e meu Senhor; confesso que tenho sido muito ingrato a seus benefícios, que não tenho correspondido a seus chamados e que, por minha rebeldia e dureza, sou merecedor de pena eterna. Mas não ignoro ser tanta a eficácia de vosso patrocínio, que podeis me alcançar de vosso tão misericordioso Filho a graça de seu perdão e de minha salvação eterna. As misericórdias de Deus são sem medida e sua majestade não despreza aquele que a vós se apresenta com um coração verdadeiramente contrito. Portanto, meu pai gloriosíssimo, sob vosso patrocínio me refugio; recebei este meu coração ingrato que, com sincera dor, protesta que quer morrer mil vezes antes que voltar a pecar. Amém.

Graças te dou, eterno Pai, porque entre todos os homens escolheste São José para que fosse o esposo de tua santíssima filha a Virgem Maria.

(Pai-nosso, Ave-Maria.)

Bendito seja eternamente o justo José que foi encontrado digno de que lhe fosse confiado o segredo da encarnação do divino Verbo, a virgindade de Maria e a pessoa de Nosso Senhor Jesus Cristo.

Graças te dou, eterno Filho, porque te sujeitaste obediente ao castíssimo José.

(Pai-nosso, Ave-Maria.)

Bendito seja eternamente o justo José que foi encontrado digno de que lhe fosse confiado o segredo da encarnação do divino Verbo, a virgindade de Maria e a pessoa de Nosso Senhor Jesus Cristo.

Graças te dou, ó Divino Espírito, porque puseste no mundo a tua casta esposa sob a custódia e amparo de São José.

(Pai-nosso, Ave-Maria.)

Bendito seja eternamente o justo José que foi encontrado digno de que lhe fosse confiado o segredo da encarnação do divino Verbo, a virgindade de Maria e a pessoa de Nosso Senhor Jesus Cristo.

Oração: Digna-te, ó justo José, receber esta coroa como a humilde homenagem de meu amor e respeito à tua santidade: Eu a ofereço a ti, para que me alcances do Senhor uma verdadeira contrição de meus pecados, uma vida boa e uma morte santa e preciosa a seus divinos olhos. Amém.

Coroa aos santos anjos em honra de São José (II)

Pelo sinal † da santa cruz livrai-nos Deus † nosso Senhor dos nossos † inimigos

(Faz-se o sinal da cruz: *Em nome do Pai e do Filho e do Espírito Santo.*)

℣. Abri meus lábios, ó Senhor,

℟. *E minha boca anunciará vosso louvor.*

℣. Vinde, ó Deus, em meu auxílio,

℟. *Socorrei-me sem demora.*

Glória ao Pai...

(Tempo Pascal: *Louvor a ti, Senhor, rei da eterna glória.*)

1º) Coro dos serafins

Pela intercessão do glorioso patriarca São José e do celeste coro dos *serafins*, nós vos suplicamos, meu doce Jesus, que, expulsando de nosso coração todo afeto terreno, incendeie nele a chama da mais pura e ardente caridade. E para melhor louvar a Santíssima Trindade pelas altas prerrogativas concedidas a nosso santo, digamos três vezes, alternando com os serafins:

℣. Santo, Santo, Santo, Senhor Deus dos exércitos, os céus e a terra estão cheios de vossa glória,

℟. *Glória ao Pai, glória ao Filho, glória ao Espírito Santo.*

2º) Coro dos querubins

Pela intercessão do glorioso patriarca São José e do celeste coro dos *querubins*, nós vos suplicamos, meu doce Jesus, que, purificando a alma de toda falta voluntária, façais com que corramos rapidamente pelo caminho da perfeição cristã. E para melhor louvar a Santíssima Trindade pelas altas prerrogativas concedidas a nosso santo, digamos três vezes, alternando com os querubins:

℣. Santo, Santo, Santo, Senhor Deus dos exércitos, os céus e a terra estão cheios de vossa glória,

℟. *Glória ao Pai, glória ao Filho, glória ao Espírito Santo.*

3º) Coro dos tronos

Pela intercessão do glorioso patriarca São José e do celeste coro dos *tronos*, vos suplicamos, meu doce Jesus, que, afastando de nossa alma toda tibieza, preguiça e demora no serviço divino, nos deis verdadeiro fervor e constância na prática da virtude. E para melhor exaltar a Santíssima Trindade pelas altas prerrogativas concedidas a nosso santo, digamos três vezes, alternando com os tronos:

℣. Santo, Santo, Santo, Senhor Deus dos exércitos, os céus e a terra estão cheios de vossa glória,

℟. *Glória ao Pai, glória ao Filho, glória ao Espírito Santo.*

4º) Coro das dominações

Pela intercessão do glorioso patriarca São José e do celeste coro das *dominações*, nós vos suplicamos, meu doce Jesus, que, reprimindo o temperamento e vencendo as paixões, saibamos dominar a nós mesmos e alcançar a paz da alma. E para melhor exaltar a Santíssima Trindade pelas altas prerrogativas concedidas a nosso santo, digamos três vezes, alternando com as dominações:

℣. Santo, Santo, Santo, Senhor Deus dos exércitos, os céus e a terra estão cheios de vossa glória,

℟. *Glória ao Pai, glória ao Filho, glória ao Espírito Santo.*

5º) Coro das potestades

Pela intercessão do glorioso patriarca São José e do celeste coro das *potestades*, nós vos suplicamos, meu doce

Jesus, que nos concedais uma firmeza inabalável de ânimo no meio dos trabalhos e adversidades desta vida, de sorte que nada nos assuste nem nos separe de vós. E para melhor exaltar a Santíssima Trindade pelas altas prerrogativas concedidas a nosso santo, digamos três vezes, alternando com as potestades:

℣. Santo, Santo, Santo, Senhor Deus dos exércitos, os céus e a terra estão cheios de vossa glória,

℟. *Glória ao Pai, glória ao Filho, glória ao Espírito Santo.*

6º) Coro das virtudes

Pela intercessão do glorioso patriarca São José e do celeste coro das *virtudes*, nós vos suplicamos, meu doce Jesus, que nos concedais a pureza de intenção em todas as obras, de sorte que busquemos unicamente a honra e a glória de Deus. E para melhor exaltar a Santíssima Trindade pelas altas prerrogativas concedidas a nosso santo, digamos três vezes, alternando com as virtudes:

℣. Santo, Santo, Santo, Senhor Deus dos exércitos, os céus e a terra estão cheios de vossa glória,

℟. *Glória ao Pai, glória ao Filho, glória ao Espírito Santo.*

7º) Coro dos principados

Pela intercessão do glorioso patriarca São José e do celeste coro dos *principados*, nós vos suplicamos, meu doce Jesus, que liberteis nosso coração do apego desordenado às honras e bens da terra e nos comuniqueis um alto apreço pela humildade e pela sólida virtude. E para melhor exaltar a Santíssima Trindade pelas altas prerrogativas concedidas a nosso santo, digamos três vezes alternando com os principados:

℣. Santo, Santo, Santo, Senhor Deus dos exércitos, os céus e a terra estão cheios de vossa glória,

℟. *Glória ao Pai, glória ao Filho, glória ao Espírito Santo.*

8º) Coro dos arcanjos

Pela intercessão do glorioso patriarca São José e do celeste coro dos *arcanjos*, nós vos suplicamos, meu doce Jesus, que nos deis santa prontidão e alegria em obedecer às inspirações divinas e abraçar tudo o que nos conduz à eterna bem-aventurança. E para melhor exaltar a Santíssima Trindade pelas altas prerrogativas concedidas a nosso santo, digamos três vezes, alternando com os arcanjos:

℣. Santo, Santo, Santo, Senhor Deus dos exércitos, os céus e a terra estão cheios de vossa glória,

℟. *Glória ao Pai, glória ao Filho, glória ao Espírito Santo.*

9º) Coro dos anjos

Pela intercessão do glorioso patriarca São José e do celeste coro dos *anjos*, vos suplicamos, meu doce Jesus, que conservemos sem mancha a fragrante flor da castidade, de sorte que nossa alma seja digna morada do Cordeiro Imaculado. E para melhor exaltar a Santíssima Trindade pelas altas prerrogativas concedidas a nosso santo, digamos três vezes, alternando com os anjos:

℣. Santo, Santo, Santo, Senhor Deus dos exércitos, os céus e a terra estão cheios de vossa glória,

℟. *Glória ao Pai, glória ao Filho, glória ao Espírito Santo.*

(Pode-se fazer o pedido de que necessita.)

Oração final: Alcançai-nos, amável protetor nosso, a graça de jamais perder a Jesus por nossa culpa, a dor de ter-lhe perdido tantas vezes e sempre permanecer fiéis em sua amizade e companhia. Amém.

(7 Pai-nossos, Ave-Marias e Glórias.)

31 dias com o glorioso patriarca São José

(Reza-se no início de cada dia.)

Glorioso patriarca São José, varão justo e adornado de todas as virtudes em grau máximo, fazei que vos imitando em todas elas eu alcance a perfeição própria de meu estado.

(Pai-nosso.)

Glorioso patriarca São José, esposo muito digno da Santíssima Virgem Maria, alcançai-me um verdadeiro amor e filial devoção a esta celestial Senhora.

(Pai-nosso.)

Glorioso patriarca São José, pai adotivo do Filho de Deus encarnado, intercedei por mim junto a Jesus e alcançai-me copiosas graças temporais e eternas.

(Pai-nosso.)

(Reza-se ao final de cada dia.)

Consagração: Ó glorioso patriarca São José, pai nutrício de Jesus Cristo meu Redentor e esposo da castíssima Virgem e Mãe de Deus! Eu (N.) vos escolho hoje por meu especial padroeiro e intercessor e proponho firmemente jamais afastar-me de vosso serviço nem deixar que algum dos que me foram confiados ofenda a vossa honra e fique sem defesa. Peço-vos, pois, humildemente, que vos digneis receber-me por vosso devoto para sempre, instruir-me nas dúvidas, consolar-me nas adversidades e, finalmente, defender-me e proteger-me na hora da morte. Amém.

Dia 1: Predestinação de São José

Meditação: Assim como o nome de Jesus é o primeiro que se escreveu no livro dos predestinados, como cabeça de todos eles, e o segundo sacratíssimo nome é o de Maria, como Mãe de Jesus; assim, em sua devida proporção, devia ocupar o terceiro lugar o suavíssimo José como esposo de Maria e fiel custódio e protetor de Jesus (Morales).

Prática: Ter em casa ou consigo uma imagem ou medalha de São José e invocá-lo com frequência e devoção.

Jaculatória: *Ó José, vossa memória* me anima a ganhar a glória.

Dia 2: São José é figurado no AT

Meditação: Com razão São José é figurado por aquele patriarca José que guardou o trigo para o povo; porém, este leva vantagem sobre aquele, porque não guardou só para os egípcios o pão da vida corporal, mas também alimenta todos os escolhidos, com sumo cuidado e diligência, com aquele Pão do Céu que dá a vida celestial (São Bernardino de Sena).

Prática: Propagar a devoção ao santo patriarca.

Jaculatória: Vossas glórias, ó José, com fervor promoverei.

Dia 3: Descendência de São José

Meditação: Verdadeiramente, este varão descende de estirpe real, sendo nobre na linhagem e mais nobre ainda no espírito. Era filho de Davi, e tal filho, que não degenerava de seu pai. Filho seu totalmente, também na fé, na santidade, na devoção; a quem, como a outro Davi, o Senhor o encontrou conforme a seu Coração, e pôde com segurança entregar-lhe o sacratíssimo e secretíssimo arcano de seu Coração; e tal outro Davi, manifestou-lhe o duvidoso e oculto de sua sabedoria, e lhe concedeu não ser desconhecedor daquele mistério que nenhum dos príncipes deste mundo conheceu (São Bernardo).

Prática: Comungar em reverência de São José no dia da festa.

Jaculatória: José, consiga eu imitar vossa virtude singular.

Dia 4: Santificação de São José

Meditação: Quando Deus concedeu o privilégio de ser santificado antes de nascer a outros além da Virgem, parece que não negaria a mesma graça ao futuro esposo desta Senhora; o qual – se devemos acreditar no exímio Suarez, teólogo não menos douto do que discreto –, é maior que todos os santos do Antigo e Novo Testamentos (Pe. Cornélio Alápide).

Prática: Rezar diante do altar ou imagem de São José.

Jaculatória: Diante de vosso altar quero com frequência orar.

Dia 5: Nascimento de São José

Meditação: José é a chave do Antigo Testamento, na qual a dignidade patriarcal e profetal alcançam o fruto prometido. Porque só ele é aquele que possui corporalmente o que a divina condescendência prometeu aos patriarcas e profetas (São Bernardino de Sena).

Prática: Pertencer a alguma congregação ou confraria de São José e cumprir suas obrigações.

Jaculatória: José, vossa proteção dai-nos em toda ocasião.

Dia 6: Nome de São José

Meditação: Quem foi José deduze-o tu pelo título com que mereceu ser honrado e em virtude do qual foi dito e crido pai de Deus; deduze-o também do próprio nome de José, que significa aumento. Que homem tão grande e de quanta virtude era este José (São Bernardo).

Prática: Invocar com frequência o nome de São José.

Jaculatória: De José o bendito nome louve o anjo e o homem.

Dia 7: Santidade de São José

Meditação: José foi enobrecido e singularmente privilegiado com a dignidade de esposo da Mãe de Deus. Tal dignidade oferece sólido fundamento para deduzir que não só foi santificado no ventre de sua mãe, mas também foi confirmado na graça e livre do pecado, de sorte que, digamos decididos, jamais houve algum homem na terra mais santo do que José (Pe. Pablo Seneri).

Prática: Invocar São José em todas as tentações e perigos da alma e do corpo.

Jaculatória: José, escutai minha oração e obtende a minha salvação.

Dia 8: Virgindade de São José

Meditação: Helvídio, ó herege atrevido, diz que Maria não foi perpetuamente virgem. Eu defendo que não só Maria, mas também o próprio José guardou perfeita virgindade, para que desses desposórios virginais nascesse um Filho virgem. Da Mãe de Deus, ele foi mais custódio do que marido; por isso, deve-se crer que se manteve virgem com Maria, o que o fez merecer ser chamado pai do Senhor (São Jerônimo).

Prática: Tomar São José por modelo de pureza em teu respectivo estado de vida.

Jaculatória: José, por vossa virgindade dai-me o dom da castidade.

Dia 9: Desposórios de São José

Meditação: Não existe dúvida de que foi um homem bom e fiel este José, com quem foi desposada a Mãe do Salvador. Se, por certo, foi servo fiel e prudente, a quem Deus colocou como consolo de sua Mãe, nutrício de sua carne e finalmente na terra o único e fidelíssimo cooperador do grande conselho (São Bernardo).

Prática: Pedir a São José para acertar na escolha de seu estado de vida e nas outras dúvidas.

Jaculatória: Ouvi ao que a vós recorre, *ó José, em qualquer dúvida.*

Dia 10: Dignidade de São José

Meditação: Permiti-me, ó padres, vós que sustentais a Igreja com a vossa dedicação, permiti-me que use livremente destas expressões que me inspiraram a admiração: Ó realeza admirável de José! Ó dignidade incomparável! A Mãe de Deus, a Rainha do céu, aquela que é Senhora do mundo, não fez pouco caso de dar-vos, ó grande José, o título de senhor. Volto a dizer, ó padres, que eu não sei se é mais digno de admiração a humildade de Maria ou este sublime título de José (João Gerson no Concílio de Constança).

Prática: Enfeitar os altares e imagens de São José com flores e outros adornos.

Jaculatória: São José, quero homenagear-vos e meu afeto consagrar-vos.

Dia 11: Excelência de São José

Meditação: Assim como foi conveniente que a Virgem tivesse tanta pureza, que não se pudesse encontrar outra maior debaixo de Deus, assim também importou muito que São José gozasse de tanta excelência, que não houvesse outra mais semelhante à de Maria (Santo Anselmo).

Prática: À imitação de São José, buscar a maior perfeição possível nas obras que fizeres.

Jaculatória: Vossa excelência sem par, ó José, quero louvar.

Dia 12: Vida oculta em Nazaré

Meditação: Eu não considerava que fosse humilhante preparar e servir a José no que era necessário. Eu me satisfazia em prestar-lhe os ofícios mais simples (Palavras de Maria a Santa Brígida).

Prática: Tratar teus superiores com aquele amor, submissão e reverência com que a Virgem servia a São José.

Jaculatória: Ó José, por vosso amor honrarei o meu superior.

Dia 13: São José, exemplar de virtude

Meditação: Não conheci pessoa que realmente seja devota de São José e preste serviços particulares que não seja mais adiantada na virtude, pois progride muito as almas que a ele se encomendam (Santa Teresa).

Prática: Tratar por modelo de virtude a São José e imitá-lo no silêncio, na paciência, no trabalho e na oração que tanto o distinguem.

Jaculatória: De virtudes grande exemplo, sede meu mestre amado.

Dia 14: Encarnação do Verbo

Meditação: Se comparas José com toda a Igreja de Cristo, não é este um homem especialmente escolhido, por quem e sob cuja tutela foi Cristo introduzido honesta e ordenadamente no mundo? Portanto, se a Santa Igreja deve à Virgem Mãe a dignidade de receber Cristo, assim também, depois dela, deve a José gratidão e reverência singular (São Bernardino de Sena).

Prática: Consagrar as quartas-feiras ao culto de São José, prestando-lhe particulares favores.

Jaculatória: Às quartas honrarei vossa memória, ó José.

Dia 15: Dores e alegrias de São José

Meditação: Deus, usando de infinita bondade, mistura com os trabalhos a torrente das doçuras nos justos, nos quais não permite que o gozo ou a dor sejam permanentes; pelo contrário, com admirável variedade compõe as vidas dos santos do próspero e do adverso, como vemos que o fez com São José (São João Crisóstomo).

Prática: Meditar com frequência nas sete dores e sete alegrias do santo patriarca.

Jaculatória: Vossas penas e satisfações ocupem os meus pensamentos.

Dia 16: São José em Belém

Meditação: Deus infundiu nesse varão um amor inteiramente paterno para com o Menino Deus nascido para a nossa salvação (São Ruperto, abade).

Prática: Fazer todos os anos a devoção dos sete domingos de São José.

Jaculatória: A Jesus receberei, e convosco o adorarei.

Dia 17: São José no Egito

Meditação: A José foi dado não só ver e ouvir, mas também levar em seus braços, trazer, abraçar, beijar, alimentar e guardar aquele a quem muitos reis e profetas desejaram ver e não viram, ouvir e não ouviram (São Bernardo).

Prática: Jamais ir se deitar sem rezar um Pai-nosso a São José, pedindo-lhe a graça de uma boa morte...

Jaculatória: José, com vosso favor, que eu morra na paz do Senhor.

Dia 18: Entusiasmo de São José

Meditação: O anjo evangelizou os pastores, São José, a todos pública e solenemente. Disto podemos concluir com toda a razão que podemos chamá-lo evangelista e mesmo o primeiro que mereceu este nome (Cardeal Cameracense).

Prática: Nas dificuldades fazer um tríduo ou novena a São José, invocando-o com muita confiança.

Jaculatória: Quero imitar vosso entusiasmo e levar muitos ao céu.

Dia 19: São José, cabeça da Sagrada Família

Meditação: Lembrai-vos de nós, ó bem-aventurado José, e com o poder de vossas preces intercedei junto a vosso Filho adotivo e fazei também que nos favoreça aquela Virgem, vossa abençoadíssima esposa, que foi Mãe de um Filho que, com o Espírito Santo, reina pelos séculos infindos (João Gérson).

Prática: Como Santa Teresa, a cada ano, no dia de sua festa, pedir uma graça especial.

Jaculatória: Em vossa festividade, uma graça me alcançai.

Dia 20: *São José, mestre de oração*

Meditação: Quem não encontrar um mestre que lhe ensine a rezar tome a este glorioso santo por mestre, e não errará o caminho (Santa Teresa).

Prática: Durante sete semanas, meditar em cada uma delas um privilégio ou graça de São José: 1ª) Pai de Jesus; 2ª) Custódio de Maria; 3ª) Virgem esposo da Virgem; 4ª) Nutrício do Menino Deus; 5ª) Representante de Deus na terra; 6ª) Cabeça da Sagrada Família; 7ª) Assistente ao trono da Santíssima Trindade no céu com Jesus e Maria.

Jaculatória: Mestre de perfeição, ensinai-me na oração.

Dia 21: *Falecimento de São José*

Meditação: O Senhor reuniu em José, como um sol, tudo o que os outros santos juntaram de luz e esplendor (São Gregório Nazianzeno).

Prática: Uma vez ao mês, fazer a preparação para a boa morte.

Jaculatória: Com Jesus e com Maria, José, assisti-me na última agonia.

Dia 22: *Ressurreição de São José* [6]

Meditação: Se Deus Salvador quis, para satisfazer sua piedade filial, glorificar o corpo e a alma da Virgem San-

---

6. Esta é uma crença piedosa que o fiel pode crer ou não, livremente, pois a Igreja não possui declaração oficial a respeito.

tíssima no dia da sua assunção, piedosamente se há de crer que, não terá feito menos com São José, sendo tão grande entre os santos, e que o ressuscitaria glorioso no dia em que, tendo Ele mesmo ressuscitado, trouxe muitos outros do pó do túmulo (São Bernardino de Sena).

Prática: Defender as excelências de São José, sem temer excesso enquanto não colocá-lo igualdade com Maria.

Jaculatória: José, quero com fervor falar sempre em vosso louvor.

Dia 23: Prerrogativas de São José

Meditação: Não se pode duvidar que Jesus Cristo, o qual durante a sua vida mortal não se contentou em admitir São José a uma familiaridade íntima, mas lhe prestou o respeito e a obediência que um filho deve a seu pai, no céu conservou essas prerrogativas sublimes, e que ainda as aperfeiçoou divinamente (São Bernardino de Sena).

Prática: Manter a lembrança daqueles que te favoreceram e procurar devolver com favores e benefícios maiores ainda.

Jaculatória: Ó José, a meus benfeitores, cumulai de eternos favores!

Dia 24: Glória de São José

Meditação: São José serviu à pessoa de Jesus em sua natureza divina e humana e à Maria como Mãe de Deus. Seu ministério esteve ligado a este mistério. Por isso e em parte, São José excede a todos os outros santos como quem está em ordem superior (Pe. Francisco Suarez – levemente adaptado).

Prática: Preparar-se todos os anos para a Festa de São José com uma novena.

Jaculatória: Com virtude vos quero honrar vossa festa ao celebrar.

Dia 25: Trono de São José

Meditação: Digo com mais verdade DO que ousadia, que São José está colocado à direita da Virgem sobre todos os coros dos anjos e mesmo dos apóstolos; e assim, como no Evangelho se nomeiam Jesus, Maria e José, na mesma ordem estão sentados na glória celestial e gozam da mais perfeita bem-aventurança. Pois, assim como estiveram tão unidos no ofício, dignidade e amor, enquanto viveram entre os homens, assim também a razão parece exigir que estejam no mesmo lugar da glória e jamais se encontrem separados (Pe. Jerônimo de Guadalupe).

Prática: Ter nos lábios e no coração frequentemente os nomes de Jesus, Maria e José.

Jaculatória: Em minha boca sempre estejam Jesus, Maria e José.

Dia 26: Poder de São José

Meditação: O Senhor quer nos mostrar que, assim como esteve na terra sujeito a São José, assim no céu faz tudo o que ele lhe pede. Queria eu persuadir a todos que fossem devotos deste glorioso santo, pela grande experiência que tenho dos bens que alcança de Deus (Santa Teresa).

Prática: Ao pedir alguma graça a Deus, coloca São José por intercessor.

Jaculatória: Sede, José, meu intercessor ante o trono do Senhor.

Dia 27: Predileção de São José

Meditação: Ao santíssimo José está concedido socorrer em toda necessidade e causa e defender, favorecer e tratar com paternal afeto a todos os que a ele recorrem piedosamente (Santo Tomás de Aquino).

Prática: Pede com confiança a São José a virtude de que mais necessitas.

Jaculatória: Concedei, à minha súplica, a virtude mais necessária.

Dia 28: Generosidade de São José

Meditação: Parece-me que faz alguns anos, que a cada ano no seu dia lhe peço alguma coisa e sempre sou atendida. Se o pedido vai meio torto, ele endireita para o meu bem. Quem não acredita, que o prove, pelo amor de Deus, e verá por experiência o grande bem que é encomendar-se a este glorioso patriarca e ter devoção a ele (Santa Teresa).

Prática: Entre as graças que pedes ao patriarca, lembra-te de pedir a devoção ao próprio patriarca.

Jaculatória: Alcançai-me, ó José, o dom que vos suplico em minha oração.

Dia 29: Graças de São José

Meditação: Não me lembro até agora de ter-lhe suplicado algo que ele tenha deixado de fazer; é coisa que espanta, as grandes graças que me fez Deus por meio deste bem-aventurado santo, e os perigos de que me livrei, tanto do corpo como da alma (Santa Teresa).

Prática: Peça a São José três graças e ofereça-lhe antes três favores ou atos de virtudes.

Jaculatória: Pelos favores que lhe faço, dai-me graças em pago.

Dia 30: São José, protetor dos devotos de Maria

Meditação: A pureza de José se vê no céu como a de Maria, e naquele belíssimo esplendor que os dois fazem no céu, parece que a pureza de José dá mais brilho e glória à de Maria. José, junto a Jesus e Maria, é como uma estrela resplandecente que tem sob os influxos de sua proteção todas as almas que militam sob os estandartes de Maria (Santa Maria Madalena de Pazzi).

Prática: Pela intercessão de São José, procura alcançar uma filial e terna devoção a Maria.

Jaculatória: Alcançai-me à vossa esposa devoção terna, ardorosa.

Dia 31: Patrocínio de São José

Meditação: A outros santos parece que Deus lhes deu graça para socorrer a uma só necessidade; este grande santo tenho experiência, socorre a todas elas (Santa Teresa).

Prática: Não terminar o mês de março sem fazer estas três coisas: 1ª) Confissão e comunhão para alcançar e conservar a graça; 2ª) Pedir a São José uma nova graça; 3ª) Consagrar-se a seu serviço e glória com um ato fervoroso.

Jaculatória: José, todo vosso sou, e por isso me entrego hoje a vós.

CATEQUÉTICO PASTORAL

Catequese – Pastoral
Ensino religioso

CULTURAL

Administração – Antropologia – Biografias
Comunicação – Dinâmicas e Jogos
Ecologia e Meio Ambiente – Educação e Pedagogia
Filosofia – História – Letras e Literatura
Obras de referência – Política – Psicologia
Saúde e Nutrição – Serviço Social e Trabalho
Sociologia

TEOLÓGICO ESPIRITUAL

Biografias – Devocionários – Espiritualidade e Mística
Espiritualidade Mariana – Franciscanismo
Autoconhecimento – Liturgia – Obras de referência
Sagrada Escritura e Livros Apócrifos – Teologia

REVISTAS

Concilium – Estudos Bíblicos
Grande Sinal – REB

VOZES NOBILIS

Uma linha editorial especial, com importantes autores, alto valor agregado e qualidade superior.

PRODUTOS SAZONAIS

Folhinha do Sagrado Coração de Jesus
Calendário de mesa do Sagrado Coração de Jesus
Almanaque Santo Antônio – Agendinha
Diário Vozes – Meditações para o dia a dia
Encontro diário com Deus – Guia Litúrgico

CADASTRE-SE
www.vozes.com.br

VOZES DE BOLSO

Obras clássicas de Ciências Humanas em formato de bolso.

EDITORA VOZES LTDA.
Rua Frei Luís, 100 – Centro – Cep 25689-900 – Petrópolis, RJ
Tel.: (24) 2233-9000 – Fax: (24) 2231-4676 – E-mail: vendas@vozes.com.br

UNIDADES NO BRASIL: Belo Horizonte, MG – Brasília, DF – Campinas, SP – Cuiabá, MT
Curitiba, PR – Fortaleza, CE – Juiz de Fora, MG – Petrópolis, RJ – Recife, PE – São Paulo, SP